北京市科学技术研究院首都高端智库研究报告

领先之路

新时代中关村发展路径研究

伍建民 伊 彤 黄 琳 黎晓东 等 著

The Road to Leadership

Research on the Development Path of
Zhongguancun in the New Era

科学出版社

北 京

内 容 简 介

什么是世界领先科技园区？它应具备哪些特征和要素？世界主要科技园区的发展经验对我们有什么启示？怎样推动中关村建设世界领先科技园区？本书围绕以上问题，并基于中关村科技园区 40 多年的发展历程，通过对国内外知名科技园区的文献梳理、案例剖析、指标评价和数据对比，提出了新时代中关村建设世界领先科技园区的发展路径。

本书具有一定的学术价值、史料价值和决策参考价值，适合关心科技园区发展、从事相关政策研究的专家学者、政府工作人员、园区管理者、企业家、科研人员、行业组织从业者等参阅。

图书在版编目（CIP）数据

领先之路：新时代中关村发展路径研究 / 伍建民等著. -- 北京：科学出版社，2024.6. -- ISBN 978-7-03-079067-5

Ⅰ . F279.271

中国国家版本馆 CIP 数据核字第 202423JN23 号

责任编辑：杨婵娟　刘巧巧 / 责任校对：王　瑞
责任印制：师艳茹 / 封面设计：有道文化

科学出版社 出版
北京东黄城根北街 16 号
邮政编码：100717
http://www.sciencep.com
北京建宏印刷有限公司印刷
科学出版社发行　各地新华书店经销
*
2024 年 6 月第 一 版　开本：720×1000　1/16
2024 年 6 月第一次印刷　印张：15 1/2
字数：246 000
定价：138.00 元
（如有印装质量问题，我社负责调换）

序　言

科技园区是世界各国创新资源和创新力量的重要集结地,对于增强产业竞争力、推动创新型经济发展具有重大作用,因此也成为世界各国参与国际科技竞争、占据全球价值链高端的先锋力量。当前,国际局势风云变幻,经济增长呈现非线性特征,一旦错失发展机遇就有可能错过一个时代。因此,必须从动态的角度理解"领先"的含义,以"相对比较"的眼光思考"竞争优势"的构建和保持问题。纵观世界领先科技园区的发展态势,在经历了 20 世纪 50 年代以技术推动经济为主要特征的第一代科技园区、20 世纪 80 年代后以经济和技术相结合为主要特征的第二代科技园区、21 世纪以来以知识型社区为主要特征的第三代科技园区后,第四代科技园区正在形成。作为当今科技园区的发展前沿，第四代科技园区是科技创新资源高度集聚、科技创新资源配置能力全球领先、科技创新引领产业发展、与所在城市高度融合的创新区域，典型代表有美国的硅谷、英国的东伦敦科技城等。

中关村科技园区是我国第一个国家级高新技术产业开发区和第一个国家自主创新示范区，是我国创新发展的一面旗帜。自成立以来，中关村科技园区始终牢记自主创新的战略使命，充分发挥科技体制机制创新"试验田"作用，持续深化先行先试改革，不断优化创新创业生态，促进高精尖产业加快发展，走出了一条具有中国特色科技创新引领经济高质量发展的新路子。经过40多年的发展，中关村已经成为我国原始创新的策源地、自主创新的主阵地和高科技企业的集聚区。2013年9月，十八届中共中央政治局第九次集体学习把"课堂"搬到了中关村。2019年以来，习近平总书记连续三次在中关村论坛贺信和视频致辞中提到，支持中关村建设世界领先科技园区。习近平总书记对中关村建设世界领先科技园区的新要求、新定位和新方向，蕴含着对我国科技创新发展的长远谋划，也标志着中关村进入新的历史发展阶段。

为引领我国从全球科技竞争格局中的"三跑并存"地位向"全面领先"地位快速跃升，新时代的中关村必须肩负起构筑全球科技创新高地、更好支撑国家实现高水平科技自立自强的新使命。一方面，要直面国际竞争格局变化，持续强化竞争优势，成为引领我国参与国际科技竞争的重要阵地；另一方面，要进一步坚持"敢为天下先"的精神，代表国家做全球科技创新治理的探索者和破局者，开拓国际科技合作新局面，让科技更好地增进人类福祉，推动中国科技为构建人类命运共同体做出更大贡献。

面向未来，中关村科技园区要加快建设世界领先科技园区，亟须围绕"要建设一个什么样的科技园区，怎样建设世界领先科技园区"的战略命题进行系统研究。《领先之路：新时代中关村发展路径研究》一书从历史和现实的视角对中关村创新之路进行了全面梳理和深入研究。

本书为 2022 年度首都高端智库年度研究任务"中关村建设世界领先科技园区的思路与路径研究"研究成果。全书分为三个部分。第一部分为理论研究与经验借鉴篇，通过相关文献综述，研究阐释了世界领先科技园区的内涵与特征，并通过国内外知名科技园区的典型案例研究，归纳总结规律性特征；第二部分为历史演进与现状评价篇，对中关村科技园区的发展沿革、建设成效和空间布局变化进行了梳理和分析，并通过构建科技园区评价指标体系，从纵向和横向两方面分析了中关村科技园区的发展态势和相对优劣势；第三部分为发展路径篇，从原始创新、创新人才、产业创新、开放创新、创新生态、园区治理等角度提出了新时代中关村建设世界领先科技园区的实现路径。

全书编写思路和总体框架由伍建民策划设计，并由伍建民最终定稿。各篇牵头人和各章执笔人如下。

理论研究与经验借鉴篇牵头人：黄琳。第一章执笔人：常静、黄琳；第二章执笔人：黄琳、常静；第三章执笔人：孙文静、张国会；第四章执笔人：黄琳。

历史演进与现状评价篇牵头人：伊彤。第五章执笔人：常静、伊彤；第六章执笔人：陈媛媛；第七章执笔人：张国会；第八章执笔人：王艳辉；第九章执笔人：王艳辉。

发展路径篇牵头人：黎晓东。第十章执笔人：李宪振；第十一章执笔人：陈媛媛；第十二章执笔人：孙文静；第十三章执笔人：王涵；第十四章执笔人：常静；第十五章执笔人：吴慧、袁燕军、黎晓东。

本书研究表明，在新科技革命、新型全球化和城镇化影响下，第四代科技园区发展重点正在从培育产业集群向构建创新创业生态系统转变，创新合作正在从整合本地资源向融入全球创新网络转变，园区布局正在从建设全新郊区向塑造创新城区转变，创新方式正在从线性发展向绿色循环发展转变。本书提出，新时代推进中关村建设世界领先科技园区，应着力从原始创新、人才高地建设、产业集群发展、制度型开放创新、创新生态构建、园区治理现代化等方面持续发力。相信这些研究和思考对政府部门、创新主体、研究学者和社会各界推动中关村建设世界领先科技园区都具有一定的参考价值，对中关村科技园区的建设者、管理者也会有所裨益。

由于时间仓促，加之我们的学识和水平所限，书中瑕疵纰漏在所难免，不足之处敬请读者不吝赐教。

本书课题组

2023 年冬

目　录

历史演进与现状评价篇

发展路径篇

理论研究
与经验借鉴篇

第一章

科技园区的相关理论

第一节 科技园区的概念

一、科技园区的概念界定

20 世纪 50 年代，斯坦福大学研究园（即硅谷前身）成立，被认为是世界上第一个科技园区。自此，科技园区开始在世界范围内蓬勃发展。凭借在促进创新、高新技术产品商业化、经济增长等方面所展现的突出能力，科技园区已成为科技创新和高新技术产业发展的重要空间载体。

关于科技园区，世界各个国家和地区有各自独特的培育模式和发展重点，其称谓也因各个国家和地区的情况不同而存在差异。例如，美国多称之为"研究园"（research park）或"大学研究园"（university-related research park），德国称之为"技术生产区"（technology fabric），英国称之为"科学园"（science park），法国称之为"技术区"（technopole）等。这些称谓在 20 世纪 80 年代传入我国后，又衍生出了"科技园""科技工业园""高新技术产业园""创新园""创新与技术中心"等多种称谓（潘剑英，2014）。以上各种名称都属于科技园区范畴。目前，学术界尚未对科技园区做出统一定义。尽管科技园区的具体称谓在各个国家和地区存在差异，但是不同组织关于科技园区的内涵界定仍具有共同点或一致性，举例如下。

（1）联合国贸易和发展会议（United Nations Conference on Trade and Development，UNCTAD）认为，科技园区是通过开展研究、吸引科技型企业，支持和促进技术发展，旨在服务创新和知识经济的区域，为创新、知识劳动和研发活动提供有利的环境和生态系统（UNCTAD，2018）。

（2）国际科技园及创新区域协会（International Association of Science Parks and Areas of Innovation，IASP）将科技园区定义为一种由专业人士管理、旨在通过促进创新文化及其相关企业和知识型机构的竞争力来提升区域财富的组织机制。科技园区的主要功能包括：激励和管理大学、研发机构、企业和市场之间的知识与技术流动；通过孵化和衍生促进创新型企业的创建和成长；提供高品质空间和设施以及其他增值服务[①]。

（3）美国大学研究园协会（Association of University Research Parks，AURP）认为，大学研究园是一种特殊的物理环境。在这种物理环境下，大学以及其他公共、私人、联邦等不同资助方建立的研究机构能够产生、吸引、留住科技企业和人才。大学研究园使园区内部以及周边地区的大学、联邦实验室、非营利科研机构、企业等创新者之间的思想流动成为可能[②]。

（4）英国科学园区协会（United Kingdom Science Parks Association，UKSPA）将科学园区定义为开展创业支持和技术转化活动的区域。这些活动包括：鼓励和支持创新导向的、高增长性的和知识型企业在其中孵化、创办和成长；提供环境使大型的跨国企业通过它与某个知识创新中心建立紧密的互动关系，以达到双赢的目的；与高等教育机构和科研机构等知识创造中心建立正式的业务联系[③]。

---

① IASP. Science Park[EB/OL]. https://www.iasp.ws/our-industry/definitions/science-park[2022-08-25].

② AURP. What Is a Research Park/Innovation District[EB/OL]. https://www.aurp.net/what-is-a-research-park[2023-11-28].

③ UKSPA. About UKSPA[EB/OL]. https://www.ukspa.org.uk/about-ukspa/[2023-11-28].

（5）我国科技部将科技园区界定为以知识聚集和开放环境为基础，依靠国内的科研与经济实力，采纳和引进国外先进的科技要素、资金与管理经验，通过颁布高技术产业相关优惠政策和改革措施，促进软件与硬件环境的优化，将科技成果转化为商业产出，以此为目的建立起来的集中区域（宋雪琪，2016）。

综合上述定义，我们认为，科技园区是指以知识和技术密集为特征，以高校、科研机构、企业、科技服务机构和专业服务机构等为主体，以科学研究、技术研发、技术转移、高新技术产业发展为目标，通过打造促进知识共享、技术转移、创业发展、以市场为驱动的创新和投资的软硬件环境，提供高质量的发展空间和城市环境，促进企业、学术机构和投资机构之间的联系，从而在提升产业竞争力、创造就业和促进创新型经济发展方面发挥引领性作用，推动科学技术和经济社会协调发展的物理空间区域。

科技园区应包括五个要素：一是空间，即科技园区应具备一定的地理空间和基础设施，作为承载园区发展的实体空间；二是企业与产业，即园区内应有活跃的科技创新企业入驻，并且要通过孵化和溢出机制赋能中小企业和初创企业发展壮大，不断涌现并形成新的产业形态；三是使命，即科技园区应承担促进国家和地区科技创新的使命，并在这一使命的驱动下鼓励和支持不同创新主体间的研发合作和协同创新；四是治理，即科技园区应配备稳定的管理部门，发挥治理作用，充分推动高校、科研院所与企业之间的知识交流与合作，从而落实园区所承担的科技创新使命；五是资金，即园区应提供多元的融资资源，支持自身建设运营和创新主体发展。

二、科技园区与其他园区的区别和联系

当前，各种与园区相关的概念频频出现在我国的政策文件或学术研究报告中，比较常见的有经济技术开发区（简称"经开区"）、高新技术产业开发区（简称"高新区"）、国家自主创新示范区（简称"自创区"）等。除此之外，"科学城"这一概念近些年来也频频见诸我国各地政府工作报告或媒体报道，如北京的中关村科学城、怀柔科学城、未来科学城，上海的张江科学

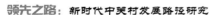
城，深圳的光明科学城等。总体来看，这些园区无一例外地汇聚了大量的创新资源，享有一定的优惠政策，是其所在区域高质量发展的重要阵地。

（一）与经开区、高新区、自创区的区别和联系

依据相关文件，对经开区、高新区、自创区的基本定位、发展情况、主要特点等进行整理，结果如表 1-1 所示。由表 1-1 可见，这三类园区的最初设立时间有先后，在基本定位和主要特点方面也各有侧重。然而，它们都强调科技与产业的融合发展，彼此之间又存在一定的内在关联。例如，有些自创区是在高新区的基础上由国家批准建立的；《国务院关于促进国家高新技术产业开发区高质量发展的若干意见》（国发〔2020〕7 号）中也明确提出，要将国家高新区建设成为创新驱动发展示范区和高质量发展先行区，进一步强调了高新区的创新发展示范作用。

表 1-1　不同园区的特点与发展

分类	经开区	高新区	自创区
基本定位	以发展知识密集型和技术密集型工业为主的特定区域	科技工业园区，实施高新技术产业优惠政策和改革措施，最大限度地把科技成果转化为现实生产力	在推进自主创新和高技术产业发展方面先行先试、探索经验、做出示范的区域
最初设立时间	1984 年	1988 年	2009 年
发展情况	230 个[*]（截至 2021 年 6 月）	168 个[**]（截至 2022 年 2 月）	23 个[***]（截至 2023 年 11 月）
主要特点	工业集聚	侧重特色产业	突出先行先试和创新示范

　* 中华人民共和国商务部. 国家级经济技术开发区　边境经济合作区[EB/OL]. http://www.mofcom. gov.cn/xglj/kaifaqu.shtml[2021-06-30]

　** 中华人民共和国科学技术部. 高新区名录[EB/OL]. https://www.most.gov.cn/zxgz/gxjscykfq/gxjsgxqml/[2022-02-26]

　*** 央广网. 国家高新区 2022 年生产总值达 17.3 万亿 创造全国 14.3%的 GDP[EB/OL]. https://www. sohu.com/a/743426793_362042[2023-12-12]

从经开区、高新区、自创区这三类园区的基本定位来看，其都符合科技园区的概念内涵，因此都属于科技园区范畴。换言之，科技园区是一个总体概念，经开区、高新区、自创区则可视为科技园区的具体表现形式。我国有

学者在研究中直接将它们等同使用。例如，范小红等（2022）又将"科技园区"称为"科技产业园区""高科技园区""高新技术园区""工业园区"等。

经开区、高新区、自创区这三类园区在其发展上越来越突出强调科技创新的支撑引领作用，反映了我国对于科技园区发展认识的不断深化。有些学者认为，它们是科技园区发展的不同阶段。例如，何继江等（2015）指出，从 1979 年深圳蛇口工业区成立以来，科技园区逐渐成为各级城市经济发展的重要依托。这些园区既包括政府创办的经开区、高新区、工业园、科技园，也包括民营科技园区和自发形成的产业集聚区。园区功能随着国家战略的调整和时代思潮的发展几经变化。张伟良和朱婧（2017）提出，高新区已经历一次创业、二次创业，进入三次创业阶段，其形态从最初包含生产要素的工业园区，发展为集聚创新要素的科技园区，再到涵盖全社会要素的国家自创区。自创区作为创新驱动发展的核心区域，通过创新机制和政策先行，促进重大科技成果产业化，积极培育区域经济发展新动能，构建完善的创新综合体，已逐渐成为创新型城市发展的重要载体。

（二）与科学城的区别和联系

依据相关文件，对北京"三城一区"中的中关村科学城、怀柔科学城、未来科学城，上海的张江科学城，深圳的光明科学城等科学城的发展定位进行整理，结果如表 1-2 所示。

表 1-2　国内五大科学城的发展定位

城市	名称	发展定位
北京	中关村科学城	通过集聚全球高端创新要素，提升基础研究和战略前沿高技术研发能力，形成一批具有全球影响力的原创成果、国际标准、技术创新中心和创新型领军企业集群，建设原始创新策源地、自主创新主阵地
	怀柔科学城	围绕北京怀柔综合性国家科学中心、以中国科学院大学等为依托的高端人才培养中心、科技成果转化应用中心三大功能板块，集中建设一批国家重大科技基础设施，打造一批先进交叉研发平台，凝聚世界一流领军人才和高水平研发团队，做出世界一流创新成果，引领新兴产业发展，提升我国在基础前沿领域的源头创新能力和科技综合竞争力，建成与国家战略需要相匹配的世界级原始创新承载区

续表

城市	名称	发展定位
北京	未来科学城	着重集聚一批高水平企业研发中心，集成中央企业在京科技资源，重点建设能源、材料等领域重大共性技术研发创新平台，打造大型企业技术创新集聚区，建成全球领先的技术创新高地、协同创新先行区、创新创业示范城
上海	张江科学城	着力打造科技创新策源地、高端产业增长极、创新生态共同体、国际都市示范区，努力把张江科学城建设成为"科学特征明显、科技要素集聚、环境人文生态、充满创新活力"的国际一流科学城
深圳	光明科学城	作为加强基础科学研究、提升源头创新的核心引擎，建设成为粤港澳大湾区国际科技创新中心的核心功能承载区和综合性国家科学中心的重要组成部分，代表国家参与全球科技竞争与合作

上述五大科学城作为北京、上海、深圳等城市建设国际科技创新中心的核心承载区，在强调技术创新、产业发展的同时，不约而同地突出了原始创新引领，着力在基础研究和源头创新能力提升方面加强布局、加大投入，非常契合"科学城"这一称谓。与此同时，这些科学城在发展要素、主体、特征等方面的表现仍然符合科技园区的概念内涵。因此，它们也同样属于科技园区范畴，是"科技园区"这一概念在我国当前所处的新发展阶段的具体呈现。

第二节　科技园区的发展动力

当前，关于科技园区的兴起和发展存在多种理论解释，为理解科技园区的构成要素、动力机制、社会网络、作用影响等提供了丰富的视角。

一、增长极理论

增长极理论（growth pole theory）最早由法国经济学家弗朗索瓦·佩鲁（François Perroux）于20世纪50年代提出。其基本思想是，经济增长并非同时出现在所有地方和部门，它以不同的强度首先出现于一些增长点或增长极上，然后通过不同的渠道向外扩散，并对整个经济产生不同的最终影响。他借用了物理学的磁极概念，称经济发展的这种具有带动作用的区域为增长极。

增长极的形成条件可以分为历史、技术经济、资源三个方面。从历史条件看，经济、人口在历史的演进过程中形成了各种呈聚集状态的空间景观，在这些不同形式的聚集范围内，基础设施、劳动力素质、社会文化环境大多具有相当的优势条件，有利于增长极的形成；从技术经济条件看，经济发展水平较高、在技术和制度上具有较强创新和发展能力的区域，更适合于增长极的产生和发展；从资源条件看，在具有水源、能源、原料等资源优势的区位，相对更有利于形成新的增长极（冯雪冬，2005）。

从实践观察可以发现，科技园区通常成为区域发展中的增长极，并因此表现出显著的集聚效应和扩散效应。一方面，园区内的主导企业对其周围地区的原材料、劳动力等资源和区域外的科技、资金等都具有很强的集聚效应。这样的集聚作用能使外部资源和能量逐渐向增长极集中，通过持续的积累为自身发展创造优势条件。另一方面，由于增长极对外界资源和能量吸收和利用的有限性，当集聚效应发展到一定程度后便会产生扩散效应，即持续地将各种创新成果和发展动力传导出去，使得周边地区经济得到有效发展。科技园区作为增长极，在促进地区经济发展和科技繁荣的过程中，集聚效应与扩散效应相互融合、相辅相成（潘剑英，2014）。

二、三元参与理论

1993年，有学者首次提出三元参与理论。该理论的核心思想是，科技园区是随着科技、经济和社会发展而出现的一种经济组织，是由政府、企业和大学三方相互合作共同推进形成的，科技园区在这三方的共同参与和积极推动下获得进一步的发展。

在传统认识中，大学和科研机构是人才和技术的摇篮，企业是市场的开拓者，并具有一定的资金能力。三元参与理论鼓励大学改变过去那种按部就班培养人才的模式，采取与企业相结合，在创业和开发中培养人才的新模式；

鼓励科研机构根据大众的需求引导科学研究，使研究与市场接轨，为企业解决实际发展问题；企业应该与大学、科研机构建立创新合作关系，共同开发并加强自身的研究能力。与此同时，政府作为管理者和政策制定者，可以对大学和企业的关系进行调节，也进一步体现政府在三者关系中的引导效能。三元参与理论要求政府增强政策支持和专业化服务，促进社会发展和经济增长。政府和科技界、企业界的行动一旦能够有效地进行协同的话，就可以促进科技园区的成长（潘剑英，2014）。

三、创新生态理论

英国生态学家坦斯利（A. G. Tansley）于1935年首次提出了"生态系统"这一概念，经过几十年的研究发展，这一概念已经获得广泛认同，用来指"在一定的空间区域内，所有动植物与其他生物，以及物理环境相互作用构成的统一整体"。随着研究的拓展，生态系统隐喻被应用到了各个领域，科技园区同样适用。

科技园区的创新生态系统是由各类创新主体及其赖以存在和发展的创新生态环境所构成、相互影响并共同演进的动态平衡系统。创新生态系统的资源汇聚、价值交换、平衡调节机制是系统内部的主要演化机制，这三个机制之间存在内在联系，并且呈现出循环递进的关系。资源汇聚机制是创新生态系统内开展创新活动的基础；价值交换机制将互动的范围扩展到了这个系统内部与创新活动有着密切联系的各个组织机构和要素；平衡调节机制是创新生态系统表现出来的整体演化特性。与自然生态系统相比，创新生态系统展现出相似而又独特的运行规律和特性。

从实践观察来看，科技园区及其内部创新主体的发展，尤其是主导企业的兴起、发展、壮大、衰落，绝不是一个静态的过程，而是在一定程度上呈现出新陈代谢的生命周期特征。科技园区内部各类创新主体之间既相互竞争，又相互合作，它们的相互作用共同促进了科技园区创新生态系统的发展（潘剑英，2014）。

四、社会资本理论

社会资本理论是从新经济社会学演化而来的一个重要理论体系，社会资本指某个人或特定群体所拥有的在一定程度上制度化的关系网络，个人或群体可以凭借其在网络中的位置获得一些社会资源。皮埃尔·布尔迪厄（Pierre Bourdieu）是第一位在社会学领域对社会资本进行分析的学者。此后，詹姆斯·科尔曼（James S. Coleman）以微观和宏观的联结为切入点对社会资本做了较系统的研究。自 20 世纪 90 年代以来，社会资本理论逐渐成为学界关注的前沿和焦点问题，许多学科从不同角度对社会资本进行了研究，以用来解释经济增长和社会发展。社会资本理论很好地解释了经济发展中的非物质因素所起的作用，明确了关系网络对于资源配置的作用，因此其与物质资本、人力资本一起，成为资本的三种形态。在这些研究的基础上，汉森等（Hansson et al.，2005）指出，科技园区应致力于发展促进创新网络形成的社会资本。艾伦（Allen，2007）进一步发展了社会资本理论，强调科技园区管理应致力于为入园企业营造相互信任的环境，促进交互和创新。我国有学者从社会资本的角度指出，规范、信任与网络对园区模式起着决定性作用，其镶嵌的区域背景决定了区域性发展模式不可能被简单地复制（张杰，2003）。也有学者指出，第二代科技园区是以激发人的创造性为特征，以网络互动创新为基础，开展有效合作而创造知识生态的知识型社区（何继江等，2015）。

第三节　科技园区的发展模式

纵观全球科技园区的发展，大致可以分为初创期（20 世纪 50～80 年代）、快速发展期（20 世纪 80 年代至 21 世纪初）、创新发展期（21 世纪初以来）3 个阶段（伍建民，2022）。各国或地区科技园区的成功经验表明，创新制度安排、创新服务网络、创新政策体系、创新人才培养和创新文化体系是造就园区创新活力的关键所在。与此同时，受发展基础、资源条件、制度文化等方面差异的影响，不同科技园区的具体发展模式也各有不同。

一、基于核心主体的发展模式划分

《中关村全球科技园区创新发展指数 2020》指出，20 世纪 50 年代，随着第三次科技革命的兴起，世界上第一个科技园区——斯坦福大学研究园成立。随着产学研合作的日益紧密，先后催生了日本筑波科学城（1963 年）、法国索菲亚科技园（一般指索菲亚·安蒂波里斯技术城，1969 年）、英国剑桥科技园（1970 年）等一批以高校和科研院所为核心、以技术转移为重点的科技园区。进入知识经济时代，瑞典西斯塔科学城（1986 年）、德国阿德勒斯霍夫科技园（1991 年）等一批以企业为核心、以产业聚集发展为重点的科技园区相继成立。同时，发展中国家依靠政府力量推动形成了一批科技园区，如印度班加罗尔软件园（1978 年）、中国中关村科技园区（1988 年）等。进入 21 世纪，科技成为人类社会发展的主导力量，在国际社会对"创新"和"创造"给予前所未有的重视的背景下，又诞生了一批以人为核心、以完善创新创业环境为重点的科技园区。不同科技园区外在形态、管理模式、规模体量、产业结构等方面发展迥异，但也形成了一些共性特征，科技园区逐步成为创新资源密集区、产业集聚区和环境优化区（中关村科技园区管理委员会，中关村创新发展研究院，2020）。

二、基于市场作用的发展模式划分

从市场在科技园区发展中的作用体现这一视角出发，科技园区发展模式可以大致分为市场主导型和政府主导型两大类型（冯雪冬，2005）。但也有学者指出，除了这两种截然不同的类型之外，还存在大学和科研机构主导型、政产学研协同型等市场作用发挥程度介于前述两者之间的发展模式（陈庆华，2014）。

市场主导型科技园区发展模式的典型代表是美国硅谷。这一模式的特点是以市场力量为主导，政府对于科技园区的发展并不进行直接介入，其主要职责是提供自由的创新环境和健全的法律环境。推动科技园区发展的主要因素是科技人员的创新精神、私人企业家的风险资本投资和科技人才致富氛围对人才汇集所产生的吸引力。这一模式的主要弊端在于，过于依赖市场机制，企业之间竞争激烈，合作与协调能力不足，在某些方面造成资源浪费，整个园区的发展缺乏规划。

政府主导型科技园区发展模式的典型代表是日本筑波科学城。这一模式的特点是科技园区从初创到建成的过程中，主要依靠政府推动，政府既是科技园区的建设和投资主体，也是园区的管理主体。这一模式的主要优点是园区建设速度快、建设过程易于规划、控制；政府为科技园区建设提供了较为坚实的物质环境和政策支持。但其缺点也是显而易见的，园区建设过于依赖政府推动，行政色彩浓厚，计划性较强，削弱了企业在科技创新中的创新创业精神；虽然容易积聚科技创新资源，但是利用科技创新资源的效率不高，企业技术创新的政策依赖性强，影响科技园区长期可持续发展。

大学和科研机构主导型科技园区发展模式的典型代表是英国剑桥科技园和印度班加罗尔软件园。这种模式依托大学、科研机构坚实的科技创新条件，具有建设高效科技园区的人才和技术集聚优势。政府对此类科技园区也起到辅助和支持作用，但由于大学、科研机构重点关注的是教学和科研，所以这类发展模式的制约因素是市场创新创业能力，因为大学和科研机构的组织边界制约了市场和价值信息的传导。

政产学研协同型科技园区发展模式的典型代表是美国北卡罗来纳州三角研究园和中国台湾新竹科学园。这种模式的科技园区由政府、大学、科研机构及企业共同协作建设和管理而成。园区日常经营由相对独立的专门基金会管理，基金会则由政府、大学、科研机构及企业等各方代表组成理事会。基金会只负责管理和指导科技园区的建设和规划，对园区内各单位内部事务无权干预。这种模式一方面利用政府力量弥补了企业从事高风险科技创新活动起步不足的缺陷，为企业创新创业提供了良性的起步环境；另一方面，协

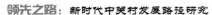

同建设和管理也避免了政府行政权力的过多干预，有利于进一步激发大学、科研机构和企业的创新创业活力。

三、基于优势来源的发展模式划分

从地区发展优势的角度来看，科技园区的发展模式可以分为优势主导模式、优势导入模式和优势综合发展模式三大类（冯雪冬，2005）。

优势主导模式多见于发达国家和地区，是以一个地区具有的特色优势，包括工业技术优势、学科优势、智力人才优势、地理位置优势、投资环境优势、资源优势和市场优势等为主导来谋求发展。该模式的特点是：扬长避短、重点倾斜、注重实力。

优势导入模式则是缘于地区优势不突出，科技、工业技术基础薄弱或原有传统产业优势逐渐失去，地区在面临困境的情况下改弦易辙，通过创造条件谋取未来的优势。因此，该模式的特点是：因势利导、借人之长、补己之短，从而带动本地区的科技进步和经济发展。例如，法国索菲亚·安蒂波里斯技术城原来是一个旅游胜地，科技、工业技术基础几乎是空白。索菲亚·安蒂波里斯技术城的创业者积极创造条件在城内创办孵化器、新型科研机构。经过多方努力，吸引了上千家科研机构和企业，从过去的以旅游、建筑业为主的地区发展成为高技术地区。

优势综合发展模式则是综合利用本地区的多种优势——资源优势、科技优势、产业优势、学科优势、人才优势、环境优势等来发展，具有投资少、见效快的特点。例如，美国128号公路地区、费城科学城等均属于此种发展模式。

四、基于区域拓展方式的发展模式划分

区域拓展方式也是用来划分科技园区不同发展模式的重要视角。按照这一标准，科技园区发展模式可以分为松散联合型、创建新区型和旧区拓展型三大类（冯雪冬，2005）。

松散联合型科技园区发展模式的特点是：①建园之前并没有统一规划，园区自发形成；②占地面积比较大，没有特定的园区，只有一片地域，区域内各种行业混杂；③一般没有作为地方政府的行政管理机构，以行业协会和管理委员会的形式实行松散的管理，促进各方协作和互相交流，并提供服务。美国硅谷就是松散联合型科技园区发展模式的典型代表。这种发展模式具有建设投资少、市场作用充分发挥、园区发展活力足的特点。但是，这种模式只有在地区拥有强大的技术源、人才源，且基础设施较好等特定条件下才能实现，因此很难被成功效仿。

创建新区型科技园区发展模式的特点是：①在大城市近郊或经济发达的地区单辟一块农田或荒地建立集中的园区；②拥有集中的行政管理机构，一般成为一级政府；③政府提供较雄厚的资金支持。这些新创建的科技园区一般距离技术源和人才源较远，且不具备足够的基础设施，因此，需要大量投资建设，且必须有风险创业资金吸引创业人才。

旧区拓展型科技园区发展模式的特点是：①在原有经济技术区或大学科研区的基础上拓展新区，开发高技术，实现高技术创业；②筹集资金一般采用地方政府、投资银行和民间集资等多种形式；③由于是拓展新区，资金不够雄厚，所以一般基础设施不够完善，建设新园区因陋就简，如利用旧厂房、改造旧工厂或租赁场地创业；④一般没有单独的行政管理机构，由原有区延伸行政管理，因此给园区的发展带来了一些不便。但在我国，这种类型的园区一般都单独设有管理委员会。

第四节 科技园区的评价

自 20 世纪 50 年代以来，科技园区在世界范围内迅猛发展，并在创新生态中发挥着重要作用，其建设发展也得到了政府层面的关注与支持。相应地，科技园区评价研究也逐渐兴起，成为科技园区研究领域的一个重要研究方向。

一、科技园区绩效评价

这是一种最为常见的研究视角，这类对科技园区进行评价的研究主要旨在判断科技园区的建设与发展是否达到了早期设定的目标。鉴于世界范围内的科技园区种类众多，且各个园区的管理机构性质不同，每个园区的建设目的和发展目标差异很大。因此，在国际层面上，这种类型的研究与实践主要聚焦于对单个科技园区的绩效开展评估，通过对标科技园区战略目标的实现进展，判断科技园区建设是否成功。

例如，欧洲委员会（European Commission，EC）提出可以通过收集三个维度的指标数据来衡量科技园区的绩效，包括活动/资源类型（投入）、活动的直接结果（产出）、活动产生的中长期效应（产出/影响）[1]。与此同时，它强调对科技园区绩效的评价应是一个持续的过程，以动态监测科技园区在实现其预先设定的目标方面的成效。

又如，东布罗夫斯卡和德·法里亚（Dabrowska，de Faria，2020）受平衡计分卡的启发，基于文献指标和调研发现，提出可从七个方面评价科技园区的绩效，包括：商业、入驻企业黏度、入驻企业的成长及创新情况、国际形象、品牌和声誉、内部管理流程、园区对区域经济的影响等。

需要指出的是，在科技园区绩效评价中，对科技园区的评估主要是对园区内企业绩效的评价。

二、科技园区创新评价

尽管针对多个科技园区进行比较研究的文献数量不少，但多以定性比较分析为主。受可操作性、数据可得性等因素的影响，针对多个科技园区展开量化比较分析的研究文献，多聚焦于对多个科技园区的创新能力（或创新水

---

① European Commission. 2014. Setting Up, Managing and Evaluating Science and Technology Parks [EB/OL]. https://s3platform.jrc.ec.europa.eu/documents/20125/253491/stp_report_en.pdf/41930ca2-3a65-fea6-4b35-ba0b 2 e6288e 9?t=1619518713712 [2013-10-30].

平、效率、质量等不同表述）进行评价和比较。

例如，陈金梅和马虎兆（2015）从创新投入、创新基础、创新绩效和创新经济 4 个方面，选取了 11 个科技创新指标（表 1-3），对北京中关村、天津滨海新区、上海浦东新区等三地的科技发展水平和创新能力进行了对比评价，并在此基础上对天津滨海新区所处阶段、特点及创新发展存在的问题进行了分析总结，对更好发挥天津滨海新区创新科技引领作用提出了相应对策建议。许千（2018）运用社会科学统计软件包（Statistical Package for the Social Sciences，SPSS），采取主成分分析法与因子分析法对我国国家自主创新示范区的创新能力进行了测算评价，并根据测算结果所显示的创新能力评价得分对示范区进行了宏观大体分类；根据示范区创新能力的等级分类对国家自主创新示范区发展路径进行了设计，并提出了多循环、两核推动、基于供给侧改革等三种自主创新发展路径。张志强等（2020）针对中关村科技园区"一区多园"建立创新质量指标体系，在分析中关村科技园区 3 种集聚模式的基础上，建立集聚模式对创新质量影响的动态空间面板模型；并以 2006～2017 年中关村科技园区等相关数据为基础，研究分析不同集聚模式与创新质量的时空效应，指出中关村科技园区创新质量呈现显著时间循环效应和空间溢出效应，各园区创新质量空间集聚存在高-高、低-低等模式并随着时间推移发生跃迁。严佳等（2020）从价值链视角出发，构建高新产业园区创新效率分析框架，利用数据包络分析（Data Envelopment Analysis，DEA）方法中的 Malmquist 指数和高斯混合模型（Gaussian Mixture Model，GMM）对中关村"一区十六园"创新效率进行测度及其影响因素分析。作者指出：从创新效率测度看，中关村科技园区创新效率总体上呈现上升趋势，主要为低开发—低转化和低开发—高转化模式，但各园区间存在差异。从创新效率影响因素看，总体上，对外开放程度、企业集聚度对创新效率的影响显著。从不同阶段看，技术开发阶段，企业集聚度对创新效率的影响显著；成果转化阶段，对外开放程度、企业集聚度对创新效率的影响显著。

表 1-3　天津滨海新区、上海浦东新区和北京中关村三地科技发展比较指标

分类	指标	分类	指标
创新投入	从事科技活动的人数及高层次人才数	创新基础	科研机构
	研究与开发（R&D）经费投入及强度		科教资源
	知识产权质押贷款及创新投资额		
创新绩效	知识产权	创新经济	高新技术行业
	技术交易		标志性新兴产业
	外资结构		重点企业

从上述文献研究情况的分析可以看出，针对多个科技园区创新能力进行量化评价比较的研究文献，主要为国内研究文献，且评价比较的分析对象多为同一统计类型[①]的国内科技园区，这种研究现状的形成也主要是由科技园区的多样性和数据的不易获得性所造成的。

2020 年，在中关村科技园区管理委员会的大力支持和指导下，中关村创新发展研究院启动了《中关村全球科技园区创新发展指数》报告的编制工作，旨在基于定量与定性分析系统刻画全球科技园区的发展成效，跟踪全球科技园区的发展动态，展示全球科技园区的发展趋势。该报告从科技园区核心功能出发，设计了"中关村全球科技园区创新发展指数"指标体系，广泛采集全球科技园区创新发展最新数据，从创新、产业、环境 3 个维度设置 10 个具体分析指标反映科技园区的发展实践。该报告为研究和把握科技园区发展的内在规律和未来走势提供了重要的数据支撑。

三、科技园区综合评价

科技园区综合评价是指不局限于绩效评价、创新评价的视角，将更多元的政策导向或指标体系引入科技园区评价的工作中来，从而对科技园区的发展情况进行更全面、更具引导性的评价。然而，正如前述所指出的，科技园

[①] 指统计指标相对统一的科技园区，如同为国家自主创新示范区，同为中关村科技园区的分园等。

区的多样性和数据的不易获得性等因素为量化评价分析工作带来了困难。因此，科技园区的综合评价工作不是一蹴而就的，而是经历了一个相对较长的发展过程。

早在 1992 年，国家科学技术委员会火炬高技术产业开发中心（简称"火炬中心"）就启动了对国家高新区考核评价指标体系的研究，1993 年制定并公布了《国家高新技术产业开发区考核标准（试行）》。2003 年，根据国家高新区"二次创业"的新要求，科技部火炬中心重新制定并颁布了《国家高新区评价指标体系》；2004 年，科技部火炬中心再次修订该指标体系，并以会议文件的方式公布了《国家高新区评价指标》。总体来看，2006 年之前的评价体系，其定位是对国家高新区进行"客观状态评价"，即要客观地反映国家高新区当期的发展状况，强调的是评价客体系统本身自然发展所达到的状态。从 2006 年开始，科技部火炬中心联合中国科学院科技政策与管理科学研究所（2016 年更名为中国科学院科技战略咨询研究院）着手研究新一轮的国家高新区评价体系，提出国家高新区是国家政策的产物，其更深层的目的和价值在于把国家高新区的发展与国家目标紧密联系起来，从而使国家能够从这种紧密联系中获取政策绩效。过去把国家高新区评价定位为一种对状态的客观反映或实证描述，实际上只是提供了解国家高新区的相关信息，从而忽视了国家建立国家高新区的价值和对国家高新区评价的重要意义。自此，国家高新区评价被赋予管理考核和政策引导的功能，需要评估国家高新区对国家战略目标的响应和落实程度，评价工作也成为引导国家高新区贯彻落实国家发展战略的重要举措和核心抓手。在国家高新区评价实践中，2006年之后的评价体系均定位在"政策绩效评价"，包括 2008 年颁布的《国家高新技术产业开发区评价指标体系》，2013 年重新修订并颁布的《国家高新技术产业开发区评价指标体系》等。国家高新区政策导向的评价体系连续开展了十余年，对不同时期国家高新区的建设、发展起到了积极的推动和引导作用。2021 年 4 月 22 日，科技部印发了《国家高新技术产业开发区综合评价指标体系》。新的国家高新区评价体系紧扣推动高质量发展的大目标，围绕高质量发展的发展动力、发展支撑、发展路径、发展环境、发展绩效等五大方面，凝练出新时代国家高新区"提升创新能力和创业活跃度、促进结构优化和产业价值链提升、提高开放创新与国际竞争能力、塑造生态环保和宜居包容的环境、实现创新驱动和高质量发展"的政策发展导向，体现了理论逻辑、历史逻辑和实践逻辑的辩证统一（杨斌，李志远，2021）。

当前我国国家高新区的评价实践兼具绩效评价的特点，但更多的是要通过这种绩效评价来发挥政策引导功能；同时，创新发展依然是我国国家高新区发展评价的重要内容，但在评价指标体系的构成上又不完全局限于创新发展评价，而是也并行考虑了协调发展、绿色发展、开放发展、共享发展等方面的情况以及发展的综合质效。因此，我国当前国家高新区的评价实践是一种典型的科技园区综合评价。

与此同时，一些学者从研究层面对科技园区开展了综合评价研究。例如，何寿奎等（2022）在文献分析的基础上构建专利授权数、研究与开发经费支出、人均工业增加值、固体废弃物综合利用率等15个高质量发展测度指标，应用主成分分析法分析得出，科技园区高质量发展的内在因素包括创新驱动发展水平、数字设施建设水平、资源配置水平和绿色发展水平，并应用因子分析法对科技园区高质量发展进行综合评价；指出工业互联网价值共创、产业链整合、资源协同等是科技园区高质量发展的内在驱动机理，并提出加强数字基础设施建设、构建工业互联网平台生态、完善园区治理结构等是实现科技园区高质量发展的路径建议。

总体来看，目前科技园区综合评价研究的成果还不够丰富，有待进一步成熟完善。

第二章

世界领先科技园区演化的规律性特征

科技园区作为创新资源和创新力量高度汇集、高频互动的重要区域，对于增强产业竞争力、推动创新型经济发展、助力国家或地区参与国际科技竞争意义重大。因此，世界领先科技园区成为了世界各国建设发展科技园区的最高目标，应在准确把握科技园区发展历程与趋势的基础之上，从动态发展的视角出发，对世界领先科技园区的内涵和规律性特征进行分析界定。

第一节　科技园区的发展趋势

一、科技园区的发展历程

早在 2010 年左右，随着一批国家自主创新示范区的设立，我国就有学者开始针对世界科技园区的发展趋势进行研究探讨。例如，李小芬等（2010）在对美国硅谷和新加坡纬壹科技城进行比较分析的基础上，提出了第三代科技园区的概念。他们指出，半个世纪以来，科技园区的发展经历了以技术推动经济为主要特征的第一代科技园区；以区域创新系统为导向，关注技术和经济的结合，并考虑环境因素的第二代科技园区；逐步走向强调以人为核心，激发人的创造性为特征的第三代科技园区。第三代科技园区是知识经济背景下的"集学习、工作、娱乐于一体的知识型社区"。汪怿（2012）同样采用了第三代科技园区的概念，但对第三代科技园区内涵特征的剖析更加深入。他指出，从全球科技园区的发展现状来看，科技园区正出现新的发展动向。它经历了从在大学、科研院所周边自发形成，旨在加快科研成果技术转移的第一代科技工业园；以及经过整体规划、突出创新孵化、强调科技与产业紧密结合的第二代科技园区；一种基于知识生态理念、以人才为引领、以创造力为核心、强调社区和城市融合、突出网络创新的新科技园区发展模式正在形成。第三代科技园区的内涵特征是人才引领、创造核心、网络创新、知识共享、区域融合、宜居环境、高效管理。此外，徐珺（2014）也提出，国际科技园区发展正在展现出新趋势，具体体现为产业体系孕育新业态、运营管理呈现新模式、创新服务拓展新网络、园区功能实现新提升。

近年来，新一轮科技革命和产业变革加速演进，全球科技创新格局深度调整，我国科技园区进一步提升创新能级，建设世界领先科技园区的使命担当愈加明确。在此背景下，学术界有关未来科技园区发展趋势的探讨又逐渐增多。例如，王德禄（2017）提出，世界一流科技园区将创造人类新生活、新经济和新科技。世界一流科技园区一定要有一流的创新创业生态。要成为一流的科技园区，第一要跨界，不能只专注于一个产业，要实现产业跨界；第二要平台，要自成长，企业在园区里能够实现爆发式成长；第三要建立新经济的制度规则，独角兽企业前沿探索对园区的制度提出了全新要求，一流科技园区在新制度供给方面应该走在前面。赵弘和哈妮丽（2022）提出，未来世界领先科技园区应该在全球层面实现科技引领、产业引领、生态引领和规则引领"四大优势",即:构筑前沿科技领跑优势,打造全球原始创新策源地;强化技术话语权和产业链主导权,打造全球创新型产业高地;营造富有吸引力的雨林生态,打造全球创新创业活力中心;深度参与全球科技创新治理,打造全球创新网络核心支点。马宗国和刘亚男(2023)在第三代科技园区的概念基础上提出,截至目前,世界领先科技园区经历了四代发展(表 2-1)。虽然科技园区演变历程隐含由"第一代"科技园区向"第四代"科技园区线性发展、逐步迭代的含义,但在现实中四代科技园区的发展通常是同期进行、共同存在的。早期发展的大学科技园,依然保持第一代科技园区的发展状态,而近几年建设的科技园区,往往一开始就是第二、第三代科技园区的发展模式;也有科技园区在长时间发展中出现由第一代、第二代科技园区向第三代、第四代科技园区演变的态势。总体而言,在国际视野下,世界领先科技园区的发展面临五大逻辑转向:外部环境由市场机制拉动向市场与政府二元机制驱动转变,创新主体由校企联动向政产学研多元创新主体互动转变,产业定位由产业集群培育向创新生态系统构建转变,创新区域由郊区地带向"城-人-科-产"高度融合的创新城区转变,辐射范围由整合本地资源向融入全球创新网络转变。

表 2-1 世界领先科技园区发展阶段的对比分析

指标	第一代科技园区	第二代科技园区	第三代科技园区	第四代科技园区
经济背景	工业经济	信息经济	知识经济	共享经济
时代特征	以技术推动经济为主要特征	以经济和技术相结合为主要特征	以知识型社区为主要特征	以知识型或创意型城市区域为主要特征
创新模式	线性创新	链式创新	网络创新	开放创新
发展动力	政策驱动	政策与投资驱动	投资与创新驱动	互动式创新驱动
主要目标	促进科技成果转化	加快产业集群与产业链建设	提升创新驱动效率	实现可持续经济增长
代表案例	美国斯坦福大学研究园、英国剑桥科技园等	新加坡纬壹科技城、印度班加罗尔软件园等	荷兰埃因霍温高科技园区、加拿大蒙特利尔创新园区等	美国波士顿肯德尔广场、英国东伦敦科技城等

二、科技园区发展面临新的挑战

当前，全球科技创新发展的中长期态势正在发生重大变化。大数据、物联网、人工智能、区块链等数字技术仍处于技术爆发阶段，数据流通和利用的成本将持续不断地大幅下降，数据资源价值的发掘空间将逐步扩展，数据成为关键生产要素和战略性资源，科技创新和生产对数据的依赖程度将越来越高，数据驱动的技术研发和应用能力将直接影响一国或地区的长期竞争优势。因此，创新发展态势的急剧变化表明，科技创新正在进入"无人区"，科学、技术与产业在创新伊始就需要密切结合，加速迭代的试错体系变得至关重要。

与此同时，科技创新因其自身和对社会潜在影响的双重不确定性正在引发层出不穷的科技治理挑战，不断演变成为需要全世界人民共同面对的全球性问题，如网络安全、数据保护等新技术引发的一系列安全问题，划定颠覆性技术的应用边界和安全治理问题，新兴技术特别是生物技术伦理道德规范规则制定问题，发达国家与发展中国家的技术鸿沟、数字鸿沟等不均衡不平等问题，"双碳"目标约束下的发展方式和道路问题等。这些挑战和问题事关全人类福祉，迫切需要世界各国或地区在公平竞争、协同发展的共识之下开展全球研究和治理合作，共同寻找技术路线，制定各领域协同发展、应对挑战的相关规则。

三、科技园区发展呈现新的趋势

总的来说，国内外知名科技园区在创新主体、开放合作、创新生态、运营管理、发展模式五个方面正呈现出以下共同趋势。

（一）创新主体：促进形成多元化多层次协同发展的创新网络系统

国内外知名科技园区为了适应科技园区主体、功能、内在联系的变迁，都在致力于推动创新主体多元化、多层次协同发展，建立政府、高校、科研院所、企业、消费者等多方主体共同参与的科技创新生态循环体系，打造科技创新战略核心力量并形成创新合力，实现科技创新产品、服务实验、消费体验、结果反馈的大循环。围绕国家、企业、市场需求，推动高校、科研院所创新功能、科研任务、研发方式转型，推动创新主体实现多元化、多层次的协同发展，特别是推动高校、科研院所由纯粹的科学理论研究向理论研究、基础研究、应用技术研发共同创新转型，实现科技创新由单向、单一的路线向双向、多元化的路线转变。

（二）开放合作：向国际化和全球化拓展

许多园区对外拓展多元化，通过与世界相关地区的科技园区构建起区域合作网络，推动了资本、技术、人才等要素的全球流动。随着产业集群和要素集聚能级的不断提升，许多园区积极实施"走出去"战略，呈现出空间拓展、品牌拓展、服务拓展等多种类型。特别是在人才方面，各国或地区科技园区都十分注重秉持全球化的人才观念，广泛吸纳优秀人才，打造宽松多元化的人才发展环境，并且不断反哺园区对于高素质人才的吸引力。

（三）创新生态：园区与城市融合发展，构建职住平衡、产城融合的空间环境

构建良好的创新服务体系。积极引导金融、法律、会计、咨询等专业化服务机构入驻科技园区，为科技园区企业提供创业投资、资金融通、市场拓展、团队构建、技术服务等方面的专业化服务。同时，发挥"技术社区"网络组织等科技服务中介组织的科技服务功能，服务于科技园区从项目形成、转移到实施的各个环节，为科技园区项目的有效开展提供保障。

形成宜居宜业的城市空间。园区城市化和城市园区化并行，打破传统的园区边界，与城市空间深度融合，成为所在城市的组成部分。创新人才对公共开放空间、文体设施、购物休闲场所、教育培训设施的需求较高，更看重

空间和生活的品质和服务。因此，国内外知名科技园区在继续发挥支撑创新和经济的传统功能之外，都在大力构建职住平衡、产城融合的发展环境，规划和建设高标准、高水平的市政、交通、信息和物流基础设施，尤其是满足科技园区对水、电、气、热、信息网络等要素的特定需求。除此之外，还在加强生活设施和配套环境的规划与建设。例如，在科技园区打造各类体育场馆、宾馆酒店、购物中心和教育医疗设施等一体化服务场所，为高新企业、高技术人员和高新技术研发机构创造更为舒适的生活和居住环境，打造人才宜居宜业宜创的生态环境。

（四）运营管理：专业化机构和团队正在成为主流

世界科技园区的运营管理主体多种多样，既有政府、高校、科研院所、企业，也有第三方服务机构。总的来看，在园区的运营管理上，世界各国或地区的知名科技园区发展都离不开政府的引导和支持。政府一般不通过直接的行政手段组织和实施具体科技活动，而主要采用经费资助、税收优惠等间接的经济手段，鼓励私人、大学和企业参与科技创新活动，充分激发、引导和服务区域创新主体的活力。但在园区的具体运营事务上多交由专业机构负责，以获得专业、灵活、敏捷的管理水平和效率。

（五）发展模式：向绿色循环发展模式转变

随着物联网、大数据、3D打印、人工智能（artificial intelligence，AI）等技术在产业应用中的不断深入，它们对工业生产环节和周期产生了重大的影响。这将进一步激发科技园区的资源集聚潜力，降低生产成本，显著降低能耗和碳排放，并进一步提高生产效率。

第二节　世界领先科技园区的内涵与特征

基于科技园区的发展历程和趋势，结合科技园区发展面临的形势挑战，从世界各国建设世界领先科技园区的政策目的出发，可以对世界领先科技园区的内涵和特征做出如下分析。

一、世界领先科技园区的内涵

《现代汉语规范词典（第七版）》对"领先"一词的释义为"共同前进时走在最前面""水平、成绩等处于最前列"。由此可见"领先"是一个动态的概念，比较的概念。因此，"世界领先"意味着在世界范围内，在竞争的过程中超越对手，处于最前列并始终保持领先地位。在新的历史时期，面对新的创新态势，世界领先科技园区应是具有强大国际影响力、引领性和多元性的创新尖峰，高效集聚全球高端创新资源要素、发挥各类主体创新活力、释放创新生态运行效能，形成以技术创新力、人才号召力、产业竞争力、开放聚合力、生态吸引力、治理变革力为要素的竞争优势，并通过动态调整始终保持在世界范围内的领先地位，在产业和技术层面持续引领数字化、智能化、网络化等新一轮科技革命和产业变革趋势，在理念和治理层面率先推动"双碳"约束、创新创业、未来产业、科技向善、敏捷韧性等领先理念和治理规则的实践落地。

二、世界领先科技园区的主要特征

当今时代的世界领先科技园区，应具备以下标志性特征。

（一）世界领先的原始创新能力

无论在何种历史条件下，科技园区都是一个国家和地区的重要创新资源和创新力量的集结地，是原始创新的策源地，源源不断产出颠覆性创新成果，并迅速转化形成产业，改变人类的生产、生活方式。在科技创新正在进入"无人区"的今天，世界领先的原始创新能力应是能够产生前所未有的重大科学发现，研发领先的技术发明，并实现其产业化应用的能力。因此，世界领先

科技园区应是大学、科研院所、新型研发机构、实验室和企业间产学研紧密合作互动、融通创新的发生地，是具有重大原创性、突破性，对产业具有重大变革作用的原始创新成果的研发地，是一个国家和地区以原创突破引领重大关键战略领域创新发展走向的策源地。

（二）世界领先的高端人才高地

人才是科技创新的重要战略资源。世界领先科技园区应是集聚世界一流创新人才的高地，拥有国际顶尖的领军人才和国际化的人力资本。因此，世界领先科技园区应不断吸引、培养和支持以诺贝尔奖、图灵奖、菲尔兹奖等世界顶级研究奖项得主为代表的顶尖科学家和战略领军人才等，还应大力吸引具备前瞻战略眼光、行业影响力大的科技项目经理人。特别要注重对埃隆·马斯克（Elon Musk）、萨姆·奥尔特曼（Sam Altman）等新型人才的吸引集聚，他们往往兼具了工程师、创新者、投资人、创新文化符号的属性，很难用一种身份标签对其定义。这类人才不仅能给科技创新、产业发展带来颠覆性变化，同时还是全球科技创新人才流动的风向标，他们所在的科技园区必将成为科技人才向往的创业乐土。

（三）世界领先的高技术产业集群

世界领先科技园区培养或汇集全球顶尖企业和科研机构，是新兴产业和未来产业创新高地，并不断通过产业创新引领产业变革。因此，世界领先科技园区应在新一代信息技术、生物医药、新能源、新材料、高端装备制造等高新技术领域，形成一批以市场占有率高、具有世界影响力和领导力的领军科技企业为主导的全球领先的产业集群，从而实现对全球产业链的控制能力。与此同时，产业集群中还应包括大量的独角兽企业和中小型高科技企业，推动商业模式和产业形态的不断迭代更新，引领经济变革。

（四）世界领先的开放创新网络

世界领先科技园区往往以产业共性关键技术平台为基础，缔结全球协同创新网络，其技术和资本等要素通常表现出无国界、便利化等特点。因此，新时期的世界领先科技园区应快速向开放式创新转变，实施以规则、制度、标准为核心的高水平对外开放策略，打造世界领先的创新网络，并在全球创新网络中占据核心枢纽位置，成为全球创新要素资源汇聚融合的目的地。具体而言，世界领先科技园区应具备优质的区域创新体系，以市场化平台和信息化手段深度融入全球创新网络，整合、汇聚、融合、流动创新资源，开展高质量的全球科技创新合作。

（五）世界领先的创新生态

世界领先科技园区应该在领先理念的引领下，建设优美的宜居宜业环境，提供全面、优质的创新创业服务，同时建有完善的多层次的融资体系，形成强大的生态磁力。当前科技创新正在从郊区向城市回归。因此，世界领先科技园区应在设计物理环境时，重视打造人与人面对面的"交流空间"，便于以人际交往交流为基础的知识溢出、技术创新，推动知识、信息等各类生产生活要素无界流通，形成开放式的创新生态。此外，世界领先科技园区还应具有完善的创新创业服务体系，涉及金融服务、科技服务、法律服务、人力资源服务等多个方面，能够为科技创新活动提供全方位的支持服务。在文化建设上，世界领先科技园区还应重视建设兼容并包的创新文化，营造鼓励创新创业、宽容失败的创新氛围。世界领先科技园区还应重视科研伦理和科研诚信，倡导"科技向善"的良好风气，号召开展负责任的科研活动。

（六）世界领先的治理水平

世界领先科技园区应重视培育以颠覆式创新、跨界融合、数据驱动为主要特征的未来产业和新经济。基于工业经济思维的传统管理模式已经不能完全适用于这些新的产业经济形态，亟须快速形成政产学研协同治理的新格局和新体制。而且在"双碳"目标约束下，世界领先科技园区纷纷构建跨区域的低碳化科技创新大场景供给机制，绿色低碳、智能化成为世界领先科技园区治理水平的重要标志。因此，世界领先科技园区应该秉持多方共治理念，保障园区稳定的创新和创业环境，在有效市场和有为政府的双轮驱动下实现创新资源的高质量配置。

第三章

国外知名科技园区的典型案例研究

经济聚集是一种古老的经济现象，随着工业文明的发展，1750 年世界经济就开始出现引人注目的经济地理集中现象。例如，西欧工业区、北美工业区、东欧工业区、日本太平洋沿岸工业区、亚洲东部沿海工业区的兴起、繁荣与发展。这些地区竞相发挥各自的优势，对外开放，推动了区域各国和地区工业的发展。一个地区的经济聚集，体现为区域内企业数量的增多、生产规模的扩大、分工协作的加强、辅助产业的发展，最终达到大规模的外部经济和劳动生产率的提升、生产费用和成本的降低。

科技园区作为经济聚集的一种形态，表现为一批高科技企业在一定区域（园区）的聚集，不仅带来大规模的外部经济、劳动生产率的提升、生产费用和成本的降低，同时还会通过信息和隐性知识的有效聚集，带来创新效率的提升。

从 20 世纪 50 年代世界上第一个科技园区——斯坦福大学研究园诞生至今，科技园区得到了快速发展。到了 20 世纪 70 年代，随着科学技术的发展，

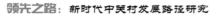
在西方发达国家（如美国、联邦德国、法国和意大利等）相继涌现出了一大批在地理空间上高度聚集的"新产业区"，极大地促进了区域经济的发展和科技创新，成为这些国家和地区经济竞争力的典型代表。

美国硅谷、英国剑桥科技园、法国索菲亚·安蒂波里斯技术城、韩国大德研究开发特区等园区，拥有在全球处于领先地位的产业领域，关注技术创新和产业升级，被公认为世界一流科技园区，形成了各具特色的经验和符合自身需求的发展模式。深入剖析这些世界知名科技园区的成功发展经验，将为中关村建设世界领先科技园区提供借鉴。

第一节 国外知名科技园区发展总体情况介绍

一、美国硅谷

美国是当代科技园区的起源地。在 20 世纪 30 年代，斯坦福大学首先尝试将大学和工业结合起来，并通过出资资助威廉·休利特（William Hewlett）和戴维·帕卡德（David Packard）创立了硅谷第一家高科技公司——惠普公司。在斯坦福大学校企结合的理念推动下，陆续催生了一大批高科技公司，经过几十年的发展，这里成为世界上最成功的高科技园区——硅谷。硅谷的成功，固然离不开大学、企业、人才、资本等因素的综合作用，但与其所处的地理位置和文化环境也有着非常密切的关系。

硅谷被誉为跨国公司诞生的摇篮，创造出了 10 余家世界性的跨国企业，如惠普、英特尔、太阳、思科、甲骨文、安捷伦、苹果等，这些公司的年销售收入均超过或接近百亿美元。与此同时，硅谷每年有 1 万多家新企业诞生，占地区企业总数的 20% 以上。在这些跨国企业的引领下，硅谷不断产生新的产业形态，引领世界产业发展的潮流。从 20 世纪 60 年代的半导体到 70 年代的计算机到 90 年代的互联网再到 21 世纪的创新服务，硅谷诞生了一系列新的产业形态，并牢牢占据着产业链的高端环节。

二、美国纽约硅巷

"硅巷"（Silicon Alley）是纽约为吸引那些向往硅谷的人才而提出的与"硅谷"相对应的一词，力图建立一个与硅谷一样的科技园区。硅巷成立于1995年，最初只是曼哈顿下城第五大道与百老汇交界处以熨斗大楼为中心的一小片区域，而后逐渐扩展到曼哈顿中下城和布鲁克林的 DUMBO 区[①]。在这个范围内，集聚了大量新媒体、网络科技、金融科技企业，形成了一个没有明确边界范围的科技产业集群地区。经过几十年的发展，硅巷已经成为都市中心区利用存量空间培育科技产业的一种普遍模式。

美国纽约硅巷地区聚集了众多高技术企业，成为美国第二大科技重镇，汇集了包括谷歌、微软、eBay 在内的数家《财富》世界 500 强企业。截至 2020 年，硅巷共有 10 080 家创业企业，234 家投资机构，22 家独角兽公司中新晋独角兽企业 13 家，创新创业孵化链条完善[②]。硅巷依托纽约的金融、医疗、旅游、文化娱乐等优势产业，延伸纽约的科技产业链条，充分发挥溢出效应，以科技手段促进新媒体、互联网等新兴产业的蓬勃发展。

三、英国剑桥科技园

英国剑桥科技园位于英国东南部的剑桥郡，是世界上公认的最重要的技术中心之一，也是世界知名的成功科技园区。久负盛名的剑桥大学也坐落于此，是该地区研究活动的核心。剑桥科技园的兴起也与剑桥大学有着千丝万缕的联系。20 世纪 60 年代后期，英国大学和科研机构受到美国斯坦福大学发展的启示，意识到科学与高技术产业之间的密切关系，10 多家企业从大学实验室衍生出来，在剑桥大学第一次形成了以技术为基础的公司浪

---

① DUMBO 的全称是 Down Under the Manhattan Bridge Overpass，位于纽约市布鲁克林，是布鲁克林大桥和曼哈顿桥延伸到布鲁克林区桥下的一片区域。

② GEI 新经济瞭望. 2021. 全球新经济发展引领极：美国"三硅"基准研究[EB/OL]. http://www.360doc.com/content/21/0624/15/75935079_983510144.shtml[2021-06-24].

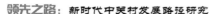

潮。1970 年，在剑桥大学离市中心 3 英里①的地区规划出 24 英亩②土地，建立了剑桥科学公园，通过连接大学与企业，充分利用高校的科研优势，加速科研成果的转化。经过几十年的发展，英国剑桥科技园成为全球领先的科技和研究中心之一，汇聚了数百家企业和科研机构，此外，它还是巨大的创意与技术的交汇之地，该地区的研发资金投入量占英国研发投资总额的 26%。

四、德国慕尼黑科技园

慕尼黑科技园始创于 1984 年，由慕尼黑市政府和慕尼黑商会共同投资成立，主要发展激光技术、纳米技术、生物技术等高新技术产业。这里也是欧洲最活跃的科学研究基地之一，是欧洲专利局、德国专利局和德国联邦专利法院的所在地。此外，慕尼黑还拥有慕尼黑大学、慕尼黑工业大学等顶尖国际名校，这里的汽车、机械、电气、医学、化工等领域居世界顶尖地位，拥有宝马、奥迪、西门子、英飞凌、奔驰等众多全球知名公司，是微软、思科等多家跨国公司欧洲总部驻地。

1992 年，慕尼黑科技园开始投资建设高新技术企业孵化大楼，后来该大楼发展成为德国重要的高科技产业孵化中心，所有的科技人员均可以在这里了解整个慕尼黑市的产业领域和科技研究动态。德国新创立的企业通常会先在这里进行试验，成功后再移植到其他地区，并发展成为当地新的工业园区，如慕尼黑生态科技园、绿色食品科技园、信息产业科技园等，都与慕尼黑科技园有密切关系。

五、法国索菲亚·安蒂波里斯技术城

索菲亚·安蒂波里斯（Sophia Antipolis）技术城创立于 1969 年，是由一

---

① 1 英里=1609.344 米。
② 1 英亩≈0.4 公顷。

家全球整合企业出于非营利目的建立的，其目的是希望在专业交流和科学研究的基础上开创一片科技主导的新区域，并由自然环境中的文化交流推动，主要理念是实行科研、商业化和高等教育的"交叉培育"。之所以把位置选在这里，是因为该地原来一直以旅游业为主，经济活动比较单一，建立科技园区可以改变这里的经济结构。此外，这里交通便利，与尼斯机场仅距离 20 多千米，与戛纳影城和"香水之都"格拉斯也仅有十几千米之遥，具备吸引外来企业和资金的条件。

索菲亚·安蒂波里斯技术城的主导产业是以信息通信业为代表的高新技术产业集群。经过几十年的发展，索菲亚·安蒂波里斯技术城已经发展成为法国最知名的科技园区，聚集了来自全球 60 多个国家和地区的 1300 多家高科技机构和研发型企业，拥有来自 60 多个国家和地区的 3 万多名科技人员。

六、韩国大德研究开发特区

韩国大德研究开发特区位于韩国中部的忠清南道大田附近，于 1973 年开始兴建，经过几十年的发展，已经成为韩国最大的产学研综合园区。韩国政府把大德研究开发特区作为加快国家技术创新体系建设的重要措施之一，其目标是成为集聚韩国乃至亚洲最优秀的研发、人才培养、产业化和培育新产业的基地，以及推动韩国经济成长的加速器。大德研究开发特区非常重视基础研究的科技创新活动，是韩国最大的产学研基地和产业圈。高科技产业以生命科学、信息技术、化学工程、材料科学等为主，多个领域并重，均衡发展。以大德工业园区为中心，包括大田第三、第四工业区，科学博览会公园，儒城地区，屯山新都市区等周边地区，生产半导体、汽车配件而兴起的忠清南道天安、牙山精密机械制造圈和以传统制造业为强点的忠清北道清原、清州产业圈，组成范围更大的大德谷，作为科研、生产三角点，成为推动韩国经济成长的加速器。

第二节　大学和科研机构的集聚是科技园区的必备要素

大学和科研机构不仅是人才聚集和培养的摇篮，也是新知识、新技术的诞生地。科技园区设在大学和科研机构密集的地区，便于企业与大学、科研机构之间进行信息的快速交流与密切合作，有利于智力资源与资金的结合，以及科研成果与生产实践的结合。

一、美国硅谷——研究型大学广泛参与

硅谷有多所研究型大学，如斯坦福大学和加利福尼亚大学伯克利分校，其中，斯坦福大学对硅谷的形成与崛起有举足轻重的作用。硅谷刚成立时的斯坦福大学研究园内，60%～70%的企业是斯坦福大学的教师与学生创办的。此外，该地还拥有圣塔克拉拉大学、圣何塞州立大学等世界知名大学。可以说，硅谷在很大程度上是依托这些大学的科研、技术、人才资源而获得成功的。多年来，硅谷毫不动摇地坚持大学、科研机构与企业之间相互依赖、高度结合的信条，这已被实践证明是开发高技术与发展高科技产业的重要经验和主要发展模式，并被世界各国广泛效仿。

二、美国纽约硅巷——大学、科研院所密集分布

纽约湾区及周边地区大学、科研院所分布密集，截至 2022 年，拥有包括康奈尔大学、哥伦比亚大学、纽约大学在内的 9 家重要学术机构、26 家科研机构和医学中心、175 家医院和实验室，科研实力雄厚，形成了科技创新

智库支持区域内产业发展的模式。纽约通过这些大学，能够吸引全球优秀的学生和科技人才。例如，纽约市政府推出的"纽约市应用科学"计划，核心就是通过大力吸引世界顶级理工院校来共建大学科技园区，培养优秀的应用科学人才，进而为这里提供更有力的人才支撑。纽约硅巷拥有丰富的科技人才资源。2017 年数据显示，纽约湾区 25～64 岁的居民中，本科以上学历的居民占比约为 39%，其中 35% 的人拥有科学与工程类学术背景，显示出科技型人才居多，科研实力显著。

三、英国剑桥科技园——一流大学和科研机构提供学术人才支持

剑桥大学是全世界顶尖的大学之一，产生了许多世界级的发明和创造。剑桥大学在物理、计算机和生物科学等领域具有领先优势，为园区提供了极具市场潜力的科研成果。园区内许多高技术公司都是围绕一项或多项科研成果而诞生的。

剑桥大学每年都会为园区输送大量一流的毕业生，为园区企业提供稳定的人才来源，剑桥地区高技术公司中 70% 的大学生雇员来自剑桥大学，一半以上的高技术公司与剑桥大学保持着联系，而其中又有 90% 的高技术公司与剑桥大学各院系直接挂钩。此外，园区可靠的前景也吸引着欧洲地区大量人才涌入。除了剑桥大学外，安格利亚鲁斯金大学、英国医学研究委员会、巴布拉汉姆研究所、维康信托基金会等高校和科研机构也为剑桥科技园的发展提供了一定的科学技术支持。

四、德国慕尼黑科技园——教科研产业发达

慕尼黑是德国最重要的大学城，拥有世界知名的慕尼黑工业大学、慕尼黑大学等 10 余所高校，注册学生逾 10 万人。慕尼黑工业大学为路德维希二世所建，以工科、自然科学为主，另有医学、体育学、营养学、环境学、计算机学等，在欧洲具有独特的学科优势，近几年排名均居德

国第一。慕尼黑大学始建于 1472 年，是德国最古老的大学之一，规模仅次于柏林自由大学。其企业经济学、医学、法学、社会学、物理学、化学、林学、兽医学等具有强大的实力。同时，慕尼黑也是欧洲最活跃的研究基地之一，该市每年生产总值的 3%被用于研发，著名的马克斯·普朗克科学促进协会、弗劳恩霍夫应用研究促进协会及歌德学院总部在此立足，也是欧洲专利局、德国专利局和德国联邦专利法院的所在地。

五、韩国大德研究开发特区——大学按照企业需求培养所需人才

截至 2020 年，大德研究开发特区附近聚集着 70 个科研机构和 8 所著名大学，包括有"韩国科学英才的摇篮"之美称的韩国科学技术院、韩国电子通信研究院、韩国原子力技术研究院、韩国生命工学研究院、韩国航空宇宙研究院等多家科研院所。韩国中部地区最大的国立大学——忠南大学也位于这里。大德研究开发特区利用靠近大学的有利条件，大量引入科研机构和风险企业所需要的优秀人才。韩国科学技术院是韩国以高技术研究为主导的一所大学，设有自然科学、工程学院、信息与技术学院、商学院 4 个学部和 15 个教学系，还拥有自然科学研究所、科技英才研究所等 9 个研究所，以及包括人造卫星研究中心在内的 62 个研究中心，每年的科研和教学经费高达 1.6 亿美元，其中 2/3 的经费依靠自身的科研力量和科研成果的产业化筹集。韩国理工类博士学位获得者总数的 10%左右在园区的各个研究所工作；此外，还有众多硕士毕业生。高素质人才梯队使大德研究开发特区名副其实地担负起代表着韩国科研现代水平地位的重任。随着大企业纷纷宣布允许特许经营，并新增设了专门负责特许经营的职务——首席产品官（chief products officer，CPO），企业对特许经营的关心不断增加，为适应这种需求，大学开设了专门讲授特许经营的课程，理论结合实际，及时为企业培养实用型人才。

第三节 金融支持是科技园区创新的重要能量补给

一、美国硅谷——完善的投融资体系

从世界各国和地区科技园区的发展过程来看，风险投资在其中起了很大的推进作用，当代风险投资具有高技术取向的特点，各国和地区的科技园区已成为风险资本的活动中心。如果没有风险投资和金融的支持，科技园区就不能真正发展成为一个成功的园区。硅谷是现代风险投资的发源地，在这里成立了世界上第一家现代风险投资公司。伴随着硅谷经济的发展，风险投资业也取得了大规模的发展，使硅谷成为世界上最大的风险投资中心，并成为推动硅谷企业成长的"发动机"。硅谷拥有多样化的资金类型和完备的企业融资渠道，从企业创业初期的天使资金、风险债券、职业投资人、风险投资到企业成长期的纳斯达克上市等一应俱全，这些为硅谷经济的发展提供了重要的投融资保障。

二、美国纽约硅巷——金融实力雄厚，带动产业转型升级

硅巷的金融资源非常丰富，高盛、摩根士丹利、花旗等多家世界顶级金融机构在此设立了分支机构。此外，风险投资也非常活跃。2018年，纽约湾区风险投资交易数量共计735件，吸引了约130亿美元的风投资本，为创新型企业的全生命周期融资提供了便利。硅巷还依托全球知名的金融创新实验室，不断探索和建设新型科技金融生态系统，推动区域内的金融创新。

三、英国剑桥科技园——丰富的创新金融资源

剑桥科技园聚集了英国1/4的风险资本和欧洲8%的风险投资。剑桥

科技园建立了科学规范的风险投资管理机构，如成立专业的创业融资——圣约翰创新中心，为科研项目提供短期小额贷款，奖励具有创新性质的科研项目。

<h2 style="text-align:center">第四节　完善的创业孵化体系是创新活动的
重要生态保障</h2>

一、美国纽约硅巷——科技创新生态优势明显，加速科技成果转化

硅巷中各类科技创新网络——孵化器、加速器、技能培训项目、共享办公空间，以及城市中众多的剧院、餐厅、博物馆、公园、时装秀等非正式的聚会交流场所和活动的存在，使得硅巷的科技人群拥有更开放的、错综复杂的场景体验，并且在场景之中因互动而产生更多的灵感碰撞。在硅巷，头部企业、初创企业、高校及科研院所、创业孵化器之间相互连接，构成了区域内的科技创新生态系统。以辉瑞、谷歌、微软等企业为主的区域头部企业注重产品研发与技术创新，在区域内设立研发中心，技术溢出效应显著，带动了区域内整体的科技创新。截至 2018 年 1 月，区域内的 122 家孵化器和加速器是科研院所及高校与初创企业之间的纽带，成为科技成果转化的催化剂，助力以科技创新为主导的创业实践。

二、英国剑桥科技园——灵活的科研成果转化机制与紧密的产学研相结合

剑桥大学设立了一系列措施以推动科技成果的转化。一是制定有利于科学技术成果向校外转化的政策，任何专利的权利人，包括个人、课题组或院系均可自主转化所拥有的专利，对于发明产生的收益或专利技术商业化的收益共享，剑桥大学在技术发明者、学校和院系三者间作出清晰的分配：第一

个 10 万英镑，发明者占 90%，学校和院系分别占 5%；第二个 10 万英镑，发明者占 60%，学校和院系分别占 20%；超过 20 万英镑，发明者占 34%，学校和院系各占 33%[①]。二是设置专利成果管理与转化机构，加大专利管理与转化的力度。三是实行灵活的人才流动机制，以及教研人员短期聘用制，同时鼓励教师兼职，规定只要很好地完成教学科研任务，就可以让教师自行决定是否兼有第二职业。四是与产业界建立深度互动，剑桥科技园开放地与所有的经济实体开展实质性交流，定期引进产业界人士来校授课或开设讲座，鼓励学生既要融入教授们的科研实践中，又要到企业一线实习或兼职，积极承担企业委托的科研任务，为企业提供咨询服务和技术支持，与不少大跨国公司或集团合作建立科研机构等。

同时，剑桥科技园还建立了企业孵化器机制，成为剑桥科技园生态系统中一个非常重要的机制。剑桥大学内部设有科创孵化器，它为技术转化和初创企业创造了一个良好的环境，既能让实验室的教授们安心研发前沿科技，不必担心技术转化与利益纠葛，也可以为有意创业的教授以及其他创业者、企业等各类主体提供包括法律、资金、经营服务等的全方位支持。另外，剑桥科技园还成立了创业培训机构，该机构建立了一套先进的创业学习机制，以必修课、选修课或培训项目的形式在全校范围内开展创业教育，倡导一种积极型的创业文化。

三、法国索菲亚·安蒂波里斯技术城——完善创业生态环境支持本土企业创业

索菲亚·安蒂波里斯技术城采取多种途径支持企业创业发展，包括：引入高校和科研机构，成为法国高校和科研机构最为集中的地区，为园区提供技术创新源泉；充分利用国内外资源，大力发展支持企业创业发展的孵化器和风险投资；建立大量活跃的非政府组织（如协会和俱乐部等），为各种机

---

① 剑桥科技园：依托大学，成为世界上最重要的创新中心之一[EB/OL]. https://www.shkp.org.cn/articles/2021/07/wx338303.html#[2021-07-21].

构的交往提供中介服务和平台。相关措施的施行，使得园区每年有大量的企业诞生，年均新增企业 120～160 家①。

第五节　开放的国际化环境，不断吸引新力量的加入

一、英国剑桥科技园——广泛的国际科技合作

剑桥科技园拥有良好的产业生态，吸引了大批国际科技企业入驻，园区内 60%的企业为跨国企业，有华为、东芝、飞利浦等知名企业。剑桥科技园还积极开展国际科技合作园区建设，如清华大学、启迪控股与剑桥大学三一学院开展的科技园区项目。其中，剑桥启迪科技园项目规划建筑面积近 4 万平方米，园区建有生命科技创新中心、数字科技研发中心、综合科技创新中心以及科技企业聚集中心。

二、法国索菲亚·安蒂波里斯技术城——重视国际创新力量的加入

法国索菲亚·安蒂波里斯技术城非常强调人才培养方面的国际合作和国际交流。园区技术人员分别来自 50 多个国家和地区，园区中有大量的国际学校，招收了来自世界各国和地区的学生。园区集中了多家跨国公司的研发中心和地区总部。外国人拥有的公司约占园区企业总数的 13%，这些公司创造的工作岗位数量占园区创造的直接工作岗位总数的 24%②。园区的风险投资来源也呈现明显的国际化特点，例如，目前向园区投资的风险投资公司中 50%左右的是外国企业，如美国、新加坡、英国和德国等国的企业。

---

① 离岸会. 2020. 全球知名工业园[EB/OL]. https://www.sohu.com/a/404521524_120698310[2020-06-29].
② 离岸会. 2020. 全球知名工业园[EB/OL]. https://www.sohu.com/a/404521524_120698310[2020-06-29].

第六节　政府支持是强有力的创新能量加速器

德国慕尼黑科技园、韩国大德研究开发特区等的发展，都体现出明显的政府推动与支持，甚至是主导驱动科技园发展的特征。政府不仅在园区的设立、监管方面发挥作用，还通过提供资金、制定政策等多种方式全方位支持科技园发展。

一、德国慕尼黑科技园——园区发展中政府作用显著

德国慕尼黑科技园由慕尼黑市政府和慕尼黑商会共同投资成立。该园区为吸引企业入驻，专门成立了慕尼黑高科技工业园区管理招商中心，确保每年至少有 10 家新公司入驻，并且维持科技孵化大楼的入驻率在 80% 以上。该中心每两年向招商中心监管会汇报所有重大战略、支出、发展等事项。在高新技术开发方面，园区主要以民间和社会力量及其投入开发为主实行市场化运作。为鼓励高科技企业入驻，园区降低房屋租金，并为入驻企业提供科技孵化服务，只需交纳半年租金即可。园区规定，凡入驻科技孵化大楼的企业，在科技成果得到有效转化之后，必须搬出科技孵化大楼，创办新的科技工业园。

慕尼黑市政府在慕尼黑科技园的发展中扮演了重要的角色，主要体现在以下两个方面：一是提供培训经费。为保证高科技产业与传统产业平衡发展，慕尼黑市政府每年拨出 25 万欧元交给园区管理招商中心，主要用于帮助企业支付培训员工的费用。二是提供投资优惠。由于德国法律规定政府在税收政策方面不能对任何一家企业实施特殊政策，因此慕尼黑市政府通常采取的是在房租、地价、基础设施等方面为企业提供优惠。

二、韩国大德研究开发特区——政府给予大量政策和经费支持

经过多年的发展，韩国大德研究开发特区形成了以企业为开发主体，政

府承担基础、先导、公益研究和战略储备技术开发，产学研结合的创新体系。大德研究开发特区研发项目都属于科技前沿领域，主要涵盖信息、生物技术、基础科学、资源、能源和公共福利等。长期以来，韩国的重大科技开发项目都由政府确定，随着经济规模的持续扩大和竞争的不断加剧，韩国政府开始通过"产学研协同技术开发"，着重提高企业技术研究与开发的水平和效率。在研发投入上，大德研究开发特区经历了由政府主导型向企业主导型的转变。政府设立"创业基金"，对迁入大德研究开发特区的科研机构和高技术企业予以扶持，并提供搬迁补贴、设施补贴、招工补贴、人员培训补贴等。设立科学技术振兴基金、产业基础基金、产业技术开发基金、中小企业创业基金等，用于对特定部门的技术开发活动进行支援。

韩国历届政府十分注重对高科技的开发，并在税收方面提供了大量的政策优惠。主要有技术开发准备金制度、新技术推广所需的资产投资税金减免或折旧制度、技术及人才开发费税金减免制度、实验研究用样品和技术开发产品免征特别消费税制度、技术转让收入法人税减免制度。政府设有研究开发信息中心，对各专业信息中心进行综合调整和技术支援，并向企业提供国内外科研动向、各产业技术发展状况、最新技术成果和专利信息；政府还建有技术开发洽谈中心和新技术成果实用化支援机构，协助企业实现新技术成果商品化。

第七节　积极的文化和人性化空间环境是吸引人才的重要因素

一、美国硅谷——独特的硅谷文化

硅谷文化是所有科技园区追随的标杆，为世人所熟知。硅谷文化在尊重成功的同时也宽容失败，使得人人都想一试身手，开创新企业，这也激发了员工大胆尝试、勇于探索的创新热情。硅谷的高开放度也促成了人才的高流动性，这种高开放性和高流动性，对吸引和凝聚高素质的人才、充分发挥他们的创造潜力至关重要。硅谷人不仅具有强烈的个体创新精神和竞争精神，而且十分注重团队精神。人们普遍体会到，随着技术复杂性的增加和知识更新速度的加快，任何人都无法单独完成复杂的技术创新，必须依靠协同、合作和群体的力量来完成。这里为人才提供了便于交流的场所，如咖啡馆、俱乐部、餐厅、健身房、展示会等，人才可以通过信息交流，完善设计、激发灵感、相互学习并解决难题。

随着硅谷的科技创新发展，全真模拟的试验场成为创新的迫切与必然需求。硅谷山景城正是应对这一需求，由农业重地迅速变身成为人工智能浪潮的引领者。其核心是高效利用各类城市空间场景，实现智能产品处处可"驯化"；丰富的地貌环境，可提供大量的应用场景。各类人工智能产品遍布硅谷山景城，将小镇变成一个智能产品测试区。全域可供进行无人驾驶试验，实现无人汽车与居民"互驯"。生活服务类机器人率先在商业活动中进行投放。最前沿的人工智能技术融入人们日常的生活场景体验中。山景城不仅拥有丰富的场景资源，还聚集了大量极度热爱科技、极富实验精神的"科技探路者"。这些人才的聚集使山景城成为人与机器"互驯"的乐园，从而催生了一个没有边界的创新群落和科技园区。

二、英国剑桥科技园——极富吸引力的空间环境

科技园区大都拥有良好的生态环境。重视生活质量，拥有大面积的自然绿化带，低建筑密度，无污染产业。以英国剑桥科技园为例，科技园高度重视环境建设。一是为工作人员提供完善的基础配套服务。在成立之初，剑桥科技园就为企业提供了会议、餐饮、讨论的场所，在很大程度上吸引了需要共享设施的小企业入驻，之后又建成了剑桥创新中心等初创空间，拓展健身、幼托等多种服务功能，加强了园区对企业的吸引力。二是打造高品质的户外活动空间，剑桥科技园启动"中央公园"计划，将原有的步道、公园、湖泊整合成新的"中央公园"，同时种植更多的树木。随着开放空间的增加，园

区居民可以享受到户外会议室、果林、吊床林等设施，他们可以在户外自由散步、玩游戏、野餐，大大提高了舒适度和交互感。三是打造便利的公共交通系统，剑桥科技园持续改善园区以及周边的交通网络，包括改善自行车道、步行道、轨道交通及公共交通系统。

三、法国索菲亚·安蒂波里斯技术城——注重人文生态环境

法国索菲亚·安蒂波里斯技术城位于尼斯和戛纳之间，占地 2400 公顷。在建立科技园区之前，这里曾是一个旅游胜地，以其优美的自然环境吸引了众多游客。这里有广阔的自然绿化带，以及得天独厚的气候和环境。温和的气候使得人们全年都能享受户外运动，同时低建筑密度和无污染产业增添了该地区的吸引力。建立科技园区之后，政府仍然希望将科技、经济发展与人文生态环境相结合，为这里的人才提供高质量的生活环境和惬意的生活方式。索菲亚·安蒂波里斯技术城建在自然公园的中心地带，附近有 4 个高尔夫球场和丰富的体育运动设施，园区在发展体育、健康和福利方面拥有得天独厚的优势，除此之外，丰富的医疗健康和国际教育设施也是吸引高科技人才来这里工作和生活的重要因素。

第四章

国内知名科技园区的典型案例研究

　　我国科技园区的建设发展与世界各国和地区的科技园区有着众多相通之处，但是因所承担的国家使命不同、管理体制不同、所处的历史阶段不同，我国的科技园区建设发展也有着自身独特之处。面对当前数字经济引领的全球产业变革、以科技战略博弈为重要内容的国际竞争格局、以绿色低碳转型为主题的全球新共识等宏观形势的深刻变化，我国上海张江科学城、深圳高新区、台湾新竹科学园、合肥高新区、湖南湘江新区等科技园区，正积极顺应时代发展要求，探索高质量发展之路。

　　中关村建设世界领先科技园区必须站立在我国科技自立自强的历史方位之上。2023 年 7 月，习近平总书记在苏州工业园区视察时强调："高科技园区在科技自立自强中承担着重大而光荣的历史使命，要加强科技创新和产业创新对接，加强以企业为主导的产学研深度融合，提高科技成果转化和产业化水平，不断以新技术培育新产业、引领产业

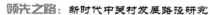
升级。"①因此，分析梳理我国各知名科技园区的发展经验，对中关村建设发展，特别是讲好中国科技园区建设发展故事有着重要意义。

第一节　我国知名科技园区发展总体情况介绍

一、上海张江科学城（张江高科技园区）②

张江科学城的前身是张江高科技园区。1992 年 7 月，张江高科技园区开园，成为第一批国家级高新区，面积 17 平方千米。经过 30 余年的发展，张江科学城汇聚了国家、市、区级研发机构 440 家，建设了上海同步辐射光源、国家蛋白质科学研究（上海）设施、上海超级计算中心、张江生物医药基地（"张江药谷"）等一批重大科研平台，以及上海科技大学、中国科学院上海高等研究院、中国科学技术大学上海研究院、上海飞机设计研究院、中医药大学、李政道研究所、张江复旦国际创新中心、上海交通大学张江科学园等近 20 家高校和科研院所，初步形成了以信息技术、生物医药为重点的主导产业，聚集了一批国际知名科技企业，旨在全力打造学术新思想、科学新发现、技术新发明、产业新方向的重要策源地，建设成为"科学特征明显、科技要素集聚、环境人文生态、充满创新活力"的世界一流科学城。

二、深圳高新区③

深圳高新区设立于 1996 年 12 月，位于深圳湾畔，是科技部建设世界一流高科技园区十家试点园区之一。目前，园区已形成"一区两核五园"的发

---

① 习近平在江苏考察时强调：在推进中国式现代化中走在前做示范 谱写"强富美高"新江苏现代化建设新篇章[EB/OL]. https://www.gov.cn/yaowen/liebiao/202307/content_6890463.htm?type=1[2023-07-07].

② 张江科学城. 张江科学城概况[EB/OL]. https://www.pudong.gov.cn/023004001/[2024-04-18].

③ 深圳市科技创新局. 园区概况[EB/OL]. http://stic.sz.gov.cn/szgxq/index.html[2024-04-18].

展布局，总规划面积由最初的 11.52 平方千米扩大到 159.48 平方千米。深圳高新区历时 20 多年的发展，始终坚持"发展高科技、实现产业化"两大方向，深入实施创新驱动发展战略，已成为引领深圳科技创新的核心引擎、发展高新技术产业的示范基地，全国创新资源最集聚、创新氛围最浓郁、创业环境最优越的区域之一。2021 年，深圳高新区实现营业收入 22 837.84 亿元，专利合作条约（PCT）国际专利申请量 12 420 件，拥有国家高新技术企业 5450 家，年产值超亿元企业 970 家，境内外上市企业 185 家。在科技部火炬中心开展的国家高新区综合评价工作中，深圳高新区连续多年名列前茅，2021 年度位列全国第二，综合质效和持续创新能力位列全国第一。

三、台湾新竹科学园[①]

台湾新竹科学园成立于 1980 年，是台湾当局为发展高技术产业仿效美国硅谷模式创建的，由新竹、竹南、龙潭、新竹生物医药、宜兰、铜锣 6 个卫星园区构成，目前总开发面积 13.75 平方千米，入驻企业超过 600 家，员工超过 16 万人。经过 40 余年的建设，新竹科学园已是台湾地区高技术产业和智囊团最集中的园区，逐渐形成集成电路、计算机及周边、通信、光电、精密机械、生物技术六大支柱产业，成功推动台湾地区从低成本的制造中心转型成为全球创新经济的高附加值制造中心。

四、合肥高新区[②]

合肥国家高新技术产业开发区（简称"合肥高新区"）是 1991 年经国务院批准的首批国家级高新区，是合肥综合性国家科学中心的核心区、合

---

① 新竹科学园区. 园区简介[EB/OL]. https://www.sipa.gov.tw/home.jsp?serno=201001210039&mserno=201001210037&menudata=ChineseMenu&contlink=content/introduction_2_1.jsp&serno3=201002010007[2024-06-03].
② 合肥高新技术产业开发区管理委员会. 园区概况[EB/OL]. https://gxq.hefei.gov.cn/yqgk/yqjs/index.html[2024-04-18].

肥滨湖科学城创新引领核、国家自主创新示范区、首批国家双创示范基地和中国（安徽）自由贸易试验区合肥片区核心区，是创新型国家建设的战略支点和合肥建设"大湖名城 创新高地"的主要载体，在全国国家级高新区综合排名中连续 9 年位居前 10 名。全区总面积为 194 平方千米。2023 年，合肥高新区实现全口径地区生产总值 1371.7 亿元，增长 5%。合肥高新区秉持"发展高科技、实现产业化"的立区宗旨，探索出了一条"科学—技术—创新—产业"的内生发展之路。2018 年 4 月，合肥高新区被科技部火炬中心纳入世界一流高科技园区建设序列，跻身参与全球科技竞争的"国家队"。

五、湖南湘江新区^①

湖南湘江新区（长沙高新区）是 2015 年 4 月经国务院批复设立的全国第 12 个、中部地区首个国家级新区。2022 年 6 月，湖南省委、省政府决定优化管理体制，将湖南湘江新区、长沙高新区、岳麓区"三区合一"，按照"区政合一"模式运行，实现产城融合全面推进、资源配置全域共享、经济社会一体发展，努力把新区建设成为高质量发展引领地、改革开放新高地、城市建设新标杆。湖南湘江新区规划面积 1236 平方千米，拥有 5 个国家级园区、2 个省级园区，截至 2023 年底，常住人口 166.51 万人。湖南湘江新区是先进制造聚集的现代产业重地。培育形成三大千亿级产业集群，占全省 14 个千亿级产业集群数量的 1/5，工程机械、新一代自主安全计算系统集群入选国家产业集群，智能网联汽车、先进储能产业走在全国前列，上市公司 51 家，列全国国家级新区第 2 位。2022 年，湖南湘江新区生产总值突破 4000 亿元，达 4282.3 亿元，增长 5%左右，经济总量居国家级新区第 6 位。

---

① 湖南湘江新区（长沙高新区）管理委员会，长沙市岳麓区人民政府. 新区简介[EB/OL]. http://www.yuelu.gov.cn/zjxq/[2024-04-18].

第二节　全力提升自主创新能力，
打造原始创新策源地

一、上海张江科学城——打造创新策源地

上海张江科学城大力建设国家重大科技基础设施，集聚国家级研发机构，吸引外资研发中心入驻，同步吸引集聚国家级战略科技力量和外资研发中心，成为原始创新的重要策源地。

聚集"国家队"实现了原始创新能力的全面提升，彰显了中国科技创新的雄厚实力。截至 2023 年底，上海张江科学城围绕光子、生命、能源、海洋、人工智能等领域，布局建设重大科技基础设施集群，已建、在建和规划建设的设施共 20 个，设施数量和投资金额均居全国领先地位。同时，这里集聚了数百家国家级研发机构，涵盖了李政道研究所、上海朱光亚战略科技研究院等顶尖科研机构，复旦大学、上海交通大学、清华大学、浙江大学等高校在上海张江科学城加快布局新型研发机构，张江药物实验室、上海脑科学与类脑研究中心、上海量子科学研究中心等高水平实验室加快推进。

引进跨国外资研发中心组成的"国际队"，带来了前沿理念和技术。强生成为首家获得上海市政府认定的外资开放式创新平台，投资逾 2 亿元的罗氏全球首个加速器、总面积达 4200 多平方米的西门子医疗上海创新中心先后宣布落地上海张江科学城。通过加速器和跨国企业联合建设德国美天旎、美国丹纳赫等中心实验室，由这些顶尖的专业企业提供仪器设备和专业的培训、服务。同时，还和勃林格殷格翰、拜耳等公司以及一些有名的 AI 药物设计公司，携手建设联合创新实验室，对接引入了国外的孵化加速模式、先进实验仪器和市场客户资源，共建共享实验办公空间，形成了更完善的创新研发服务体系。

二、深圳高新区——补齐基础研究短板

过去，基础研究不足一直是深圳高新区发展的短板。深圳高新区通过布局建设鹏城实验室、深圳湾实验室等一批高水平科研平台，深圳国家战略科技力量实现突破，原始创新能力实现大幅跃升。据统计，2020 年，深圳高新区拥有国家级和省级研发机构 643 家，占全市总量的 40.9%；企业研发经费支出占地区生产总值比例为 13.57%；技术合同成交额达 566.7 亿元，占全市的 54.7%；累计有效发明专利 181 960 件，同比增长 17.2%[①]。此外，深圳市通过制度保障，确保基础研究投入，以特区立法的形式明确规定，市级科研经费中不少于 30% 必须投向基础研究和应用基础研究。

三、合肥高新区——重点布局综合性国家科学中心建设

合肥高新区致力于推进合肥综合性国家科学中心核心区的建设，深耕前沿领域，以解决重大科学问题、攻克变革性技术为主线，提升原始创新策源能力。

合肥高新区自获批综合性国家科学中心以来，集中布局全超导托卡马克核聚变实验装置、稳态强磁场实验装置、同步辐射光源等 9 个大科学装置，建设天地一体化信息网络合肥中心、合肥离子医学中心、人工智能创新平台等交叉前沿研究平台；围绕合肥综合性国家科学中心建设，构筑了以"国家重大基础科学创新平台、区域技术科学创新平台、高校院所产业创新平台和以企业为主体的协同创新平台"为骨干梯队的多层次科技创新平台体系；集聚了中国科学院量子信息与量子科技创新研究院、中国科学技术大学先进技术研究院、合肥创新院、合肥市武汉大学创新技术研究院、安徽工业技术创新研究院、合肥离子医学中心、合肥先进计算中心、天地一体化信息网络合肥中心等高能级创新平台，搭建了"基础科学—应用技术—产业化"的转化桥梁，为推动跨学科、大协作、高强度的原始创新提供了有力的支撑。

---

① 王海荣. 聚焦深圳高新区高质量发展（二）"原动力""加速器""主引擎"……这些"创新密码"不断延伸[EB/OL]. https://baijiahao.baidu.com/s?id=1726061861863620252&wfr=spider&for=pc[2022-03-01].

第三节 深化产学研合作，建立以企业为主导的科技创新体系

一、深圳高新区——推动创新孵化载体建设，孵化集聚海量创新型企业

在推动深圳高新区发展的诸多力量中，以工程实验室、工程中心、企业技术中心、重点实验室等为代表的创新载体功不可没。截至 2023 年，深圳已有 41 家国家企业技术中心，其中包括华为技术有限公司技术中心、比亚迪汽车工业有限公司技术中心、深圳迈瑞生物医疗电子股份有限公司技术中心等，很多分布在深圳高新区。各类孵化载体也在积极为深圳高新技术产业发展输送新鲜血液。到 2023 年，深圳高新区已拥有市级以上孵化器 55 家、众创空间 155 家。

在深圳高新区的创新丛林中，既有为世人所熟知的华为、中兴通讯、腾讯、大疆创新、迈瑞医疗等一批"参天大树"，也有新锐中小企业如雨后春笋般不断涌现，推动科技创新向前发展。数据显示，深圳 PCT 国际专利申请量连续多年"领跑"全国，2023 年，深圳市专利授权量为 23.51 万件、PCT 国际专利申请量为 1.59 万件，PCT 国际专利申请量连续 20 年居全国大中城市首位。

二、台湾新竹科学园——产学研合作成为园区可持续发展的动力来源

新竹科学园位于新竹市区东南，距离台北市约 70 千米处，纵贯台湾南北的高速公路和铁路从旁穿过，北可上台北、基隆，南可下台中、台南和高雄，至桃园国际机场乘车只需 40 分钟路程，交通十分便利。园区附近有台湾清华大学、台湾交通大学等多所大学，可以在为企业提供人力的同时，提供在职训练、咨询服务及合作研究等服务。

新竹科学园附近有财团法人工业技术研究院及食品工业发展研究所两

所科研机构。其中，工业技术研究院致力于应用研究与科技服务，包括技术引进、人才培育、资讯提供、衍生公司、育成中心、技术服务与技术移转，对于台湾中小企业产业的发展而言，具有举足轻重的地位。园区内另有台湾当局设立的三个重点实验室，分别为高速计算机中心、同步辐射研究中心与太空计划室。这些科研机构皆与园区内企业有密切合作，共同开展研究发展的工作，分别在科学、工程、应用技术的发展与推广，以及人才的培育、技术的支持等方面，为新竹科学园区注入了顶尖学术智力，成为科技园区可持续发展的主要动力来源之一。

三、合肥高新区——探索以企业为主导的产学研合作模式

合肥高新区依托中国科学技术大学量子科技优势学科，加强企业主导的产学研深度融合，打造以关键核心技术研发和科研成果熟化转化为核心的未来产业发展路径。截至 2024 年 2 月，合肥高新区已经集聚了 58 家量子企业，其中国盾量子、本源量子、国仪量子等从事量子关键技术研发与应用的核心企业 25 家，数量居全国首位；量子上下游关联企业 33 家，诞生了一大批先进量子产业创新成果。其中，作为中国科学技术大学的成果转化平台，国盾量子携手中国电信推出"量子密话"产品，用户超 40 万；搭建"祖冲之二号"同等规模量子计算原型机，接入量子计算云平台，面向社会公众开放；公司成长为国家高新技术企业、专精特新"小巨人"企业，并在 A 股科创板成功上市。2023 年 4 月，量子信息未来产业科技园在合肥高新区揭牌，将继续依托中国科学技术大学学科优势，重点发展量子通信、量子计算、量子精密测量等前沿技术，到 2025 年将基本建成引领全国的量子产业科技创新和孵化高地，打造享誉世界的"量子中心"。

四、湖南湘江新区——推动科教人才融合协同

湖南湘江新区坚持"超前布局、联合创新、系统推进"，联合中国人民

解放军国防科技大学、中南大学和湖南大学等多所知名院校，成立国家（长沙）北斗特色产业园产教融合基地，建设北斗开放实验室·长沙分实验室、国家北斗数据中心湖南分中心等研发机构；成立国内首个北斗信息安全领域军民融合开放协同创新平台——长沙北斗产业安全技术研究院，与省内 16 所高校共建北斗联合实验室等，推动北斗软硬件设备、北斗数据和专业研究资源共享，联合开展北斗人才培养、技术协同创新、成果转化孵化。特别是在人才培养模式的创新上，长沙北斗产业安全技术研究院与湖南省教育厅于 2017 年起合作组织实施"北斗微小课题"人才培养计划，由企业出题，让学生参与实际工程项目，接触最新科研成果。实施 7 年来，该计划已为湖南省培养北斗应用人才 400 余人，其中 80%以上的学员扎根北斗领域从事相关工作。现在，长沙北斗产业安全技术研究院正在联合长沙市北斗导航产业技术创新战略联盟及相关企业、高校，着力打造国内具有影响力的产教融合北斗人才培养示范基地。

第四节　引导全产业链布局创新资源，建设世界领先的产业集群

一、上海张江科学城——"补链强链"打造世界级创新产业集群

上海张江科学城围绕集成电路、生物医药、人工智能三大主导产业，推动产业链创新链融合发展，"补链强链"建设世界级创新产业集群。在顶层设计时就注重产业的全链条布局，"一张蓝图干到底"，引进及培育产业链所需的且具备一定研发能力的顶尖企业，形成产业集群效应。注重产业的高端化自主创新，以技术创新链为核心开展产业链设计，避免仅仅是对加工型项目的简单重复和叠加布局。在"补链强链"的过程中，引进成熟的世界级龙头企业，鼓励高层次人才创业，通过多种方式补足产业链条。此外，为了进

一步形成资源的聚合力，上海张江科学城还打造了一系列服务主导产业创新发展的功能性平台和创新场景，形成聚集效应，其中就包括最为知名的"张江药谷"、张江人工智能岛等。通过功能性创新平台的集聚，一方面可以承担重大自主创新研发项目，引领产业在创新研发能力和产业转化方面的发展；另一方面能提供开放共享服务支持企业创新研发，多元化的投资运营方式则进一步整合了政府、企业、研发机构、销售渠道等多方资源，打通产学研，促进研发成果市场化，促进产业聚合发展。

目前，张江科学城集成电路领域已经成为国内产业链最完备、综合技术水平最先进、自主创新能力最强的产业基地之一，形成了设计、制造、封装测试、终端产品的完整产业链布局，企业总数近 500 家，2022 年销售收入 2011 亿元，同比增长 18.1%。作为中国创新药研发最为活跃的区域之一，"张江药谷"已经成为上海生物医药产业一张闪亮的名片。2023 年，张江科学城生物医药产业收入达 1630 亿元，同比增长 23%；截至 2023 年底，张江科学城一类新药已累计获批上市 23 个，创新医疗器械 23 款；2023 年，全国共有 4 款国产创新药成功"出海"，获得美国食品药品监督管理局批准上市，其中有 2 款来自张江科学城的创新企业，1 款为张江科学城共同研发。

二、台湾新竹科学园——形成以电子信息技术为核心的特色产业集群

目前，新竹科学园主导产业特色鲜明，以台积电、华硕、联合微电子等世界著名企业为核心，形成了半导体、光电、计算机和通信产业等产业集群。这里已经形成了拥有国际竞争优势的全球电子信息产业基地，在全球电子信息制造业中已取得了一席之地。全球 80% 的电脑主板、80% 的图形芯片、70% 的笔记本电脑、65% 的微芯片、95% 的扫描仪都产自这里。在半导体、光电、通信、计算机等技术领域，新竹科学园在相当长的时期内处于引领或紧跟产业技术发展的国际前沿，成功走出了一条从技术引进到自主技术开发、从产业低端到高端的发展道路。

三、湖南湘江新区——设立产业链办公室统筹推进，建设北斗产业集群

近年来，湖南湘江新区按照全产业链布局重点产业，设立高新区产业链办公室，统筹推进六大产业集群、5 条市级牵头产业链、11 条园区优势产业链的发展，形成"委领导牵头抓总、责任部门抓落实、专职责任人具体实施"的工作机制。北斗产业集群就是其中之一。目前，长沙已是我国 8 个北斗产业重点城市之一、全国北斗卫星导航应用三大示范区域之一，依托长沙高新区打造形成国内最具规模的北斗产业基地、产业高端人才集聚地和产业应用示范集聚区。据统计，长沙培育的北斗产业企业已经超过 120 家，带动就业逾 10 000 人，其中 70%以上的企业聚集在原长沙高新区的中电软件园。现在中电软件园已成为国家北斗产业专业特色示范园区，是全国八大北斗示范园区之一。在一系列举措的推动下，长沙逐步形成了完备的北斗产业生态体系，为北斗导航产业的聚集、科技成果的转化、产品的检测等方面提供了有力的支撑，以北斗应用为基础的千亿产业集群正在形成，"北斗+""+北斗"的新场景、新生态、新经济正在蓬勃兴起。

四、合肥高新区——推动产业链创新链深度融合

合肥高新区以围绕产业链部署创新链、围绕创新链布局产业链作为发展思路，与中国科学院空天信息创新研究院签署项目合作协议，中科星图"GEOVIS 数字地球全球总部项目"落户合肥。截至 2023 年底，合肥高新区已汇聚空天信息产业链企业近 120 家，以及以深空探测实验室、江淮协同创新中心为代表的创新平台、公共服务机构 11 家，已形成覆盖卫星整星及核心部件研制、低中高轨通导遥卫星星座运营及测运控、卫星数据应用服务的完整卫星产业链条。目前，合肥高新区正在建设空天信息主题产业园区——科创产业园一期，助力空天信息产业"补链强链"，进一步壮大产业规模，将园区打造成为技术水平领先、实力雄厚的空天信息产业集聚发展新高地。

第五节 发挥人才第一资源作用，以人才集聚带动技术创新

一、深圳高新区——集聚创新创业人才

深圳高新区 PCT 国际专利申请量的持续大量增加，离不开人才的流入为创新生态体系提供的活力。中国科学院科技战略咨询研究院杨斌等（2021）的研究表明，尽管从人才综合吸引力来看，2020 年深圳高新区排名第二，从应届生流入指标来看，2019 年深圳高新区排名第三，但我国 2019 年人才净流入量最多的国家高新区是深圳高新区，人才净增超过 24 万人，接近全国高新区的 1/5。这反映出深圳高新区对人才的高吸引力。目前，深圳高新区已成为全国各地创业者的创业首选目的地，这里的创业环境包容，各级政府和市场支持初创项目、早期项目的意愿相对更加积极，初创中小企业在深圳高新区相对容易得到融资。

二、台湾新竹科学园——高端人才集聚，技术创新活跃

新竹科学园十分重视本地人才的培养以及吸引优秀的海外人才到台湾地区创业，本科以上学历占就业人员的 66.1%，留学生在园区高新技术产业发展中起到重要的"桥梁"作用。科研院所尤其是工业技术研究院对新竹技术创新作用显著。新竹科学园的企业与科研院所尤其是工业技术研究院形成了水乳交融、共生共荣的关系。科研机构、大学不仅为企业提供联合创新项目和人力资源培育，还衍生不少创新企业参与园区建设。在充沛的人力资源的支持下，新竹科学园创新活跃，技术专利众多，已成为世界上创新最集中的科技园区之一。

三、合肥高新区——建设"科大硅谷"，挖掘校友资源

安徽省与中国科学技术大学紧密合作，在合肥高新区合力建设"科大硅谷"，设立"科大硅谷"全球校友事务部，以常态化方式联系对接中国科学技术大学等国内外高校和科研院所的校友，依托校友资源连接全球科创资源。同时，在科技和人才机制上大胆突破、先行先试，搭配政策、基金、场景等工具，运用市场化、体系化手段，为全球优质人才项目在合肥落地生根提供有力支持。例如，在连接资源方面，提出了招募"全球合伙人"，建立"团队+基金+细分单元"的运营模式，实现了"一栋楼就是一条产业链"的效应；在创新成果转化机制方面，对于职务科技成果在"科大硅谷"内转化的情况，支持按照贡献的省市财力给予一次性奖励，支持建立拨转股、股转债新模式，允许团队回购股份；在鼓励科技创业方面，对于高层次人才创办企业，提供最高 500 万元启动资金和 500 平方米创业空间的支持；在汇聚创新创业人才方面，对符合条件的企业给予自主人才评价名额，对"高精尖缺"人才按照年收入财力贡献 15%以上部分给予等额奖励等。

第六节 精简园区管理结构，改革创新各项制度

一、上海张江科学城——精简管理机构，探索"双自联动"

上海市为统筹整合建设国际科技创新中心、张江高新技术产业开发区、上海自贸试验区张江片区和张江科学城建设等职能，将上海推进科技创新中心建设办公室、张江高新技术产业开发区管理委员会、上海自由贸易试验区管理委员会张江管理局、张江科学城建设管理办公室等 4 个机构合并为一个机构、一套班子，实行"一套班子、四块牌子"，作为上海市政府派出机构，下设相关职能处室。这种机制安排有利于整合管理职能，减少管理层级，提

高管理效率，也有利于聚焦张江综合性国家科学中心建设。

此外，上海张江科学城着眼于引进世界上最先进有效的产业发展制度，主动与国际产业发展需求接轨，率先试点药品上市许可持有人制度、医疗器械注册人制度，设立全国首家外国人永久居留事务服务中心，颁发首张外国人永久居留身份证等。大量企业乘着制度创新之风获得了长足发展。最典型的成果便是"双自联动"。2015年，张江高科技园区被正式纳入中国（上海）自由贸易试验区。上海市政府出台"双自联动"18条，各类任务着眼破除体制机制障碍，打破各类瓶颈障碍，强化对境内外科技、人才、资本、金融、项目的吸引力和凝聚力，强化分配、股权和税收政策的激励作用，强化孵化器、众创空间、科技投入方式、科技服务业发展的集成服务。例如，创新药品上市许可持有人制度便是"双自联动"的试点任务之一，在生物医药领域实现研发创新和资源整合。此外还有十大创新试点中的"探索境外风险投资基金直接投资境内创新企业"，在风险可控的前提下，探索利用自由贸易账户体系、扩大外商投资股权投资企业试点范围等方式，引入多种海外投资基金投资境内创新企业。

二、台湾新竹科学园——高效的园区管理机制

新竹科学园的管理主体是新竹科学园管理局，其行政级别与新竹地区行政级别相同，拥有一个地方政府所需要的各种资源、职能及权力，能独立自主地决策园区内事务。这样的管理机制建设速度快、管理效率高，确保园区能够统一规划、整体布局、强力推进、统筹管理。例如，新竹科学园可以征收准税制的入园企业管理服务费。新竹科学园管理局的经费主要来源于台湾当局的拨款，园区建设资金有保障，产业服务投入有来源。园区所建设的产业载体及各类物业均为管理局持有，不对企业进行销售，只提供租赁服务，新竹科学园管理局保持对园区内产业聚集调控的强大影响力。

第七节　打造特色科技创新生态和文化

一、深圳高新区——建设开放合作生态

深圳高新区通过对外高水平开放合作，对内高质量辐射带动区域创新，发挥了"主引擎"作用，形成了独有的"前店后厂"模式。1999 年 9 月，深圳高新区启动建设深圳虚拟大学园。成立以来，深圳虚拟大学园持续推动和引领国内外一流大学与深圳科技创新融合发展，已经聚集了包括清华大学、香港大学、佐治亚理工学院等 70 所国内外知名院校，其中 QS 世界大学排名前 100 高校 11 所、"985 工程"高校 30 所、"双一流"高校 46 所、香港高校 8 所、国外院校 8 所。2004 年 10 月，深圳高新区成立深圳国际科技商务平台，作为一个国际交流合作平台，旨在帮助科技企业"引进来、走出去"。此外，深圳高新区还加强与国内其他高新区的协同发展，与新疆、黑龙江哈尔滨、江西赣州以及广东潮州、汕头、汕尾等地高新区开展深度对口合作，推动资源共享、优势互补，协同打造优质的产业链供应链。随着《河套深港科技创新合作区深圳园区发展规划》的正式公布，河套深港科技创新合作区深圳园区的"深港科技创新开放合作先导区""国际先进科技创新规则试验区""粤港澳大湾区中试转化集聚区"三大定位正式确定，这将为深圳高新区的发展开辟更大的空间。

二、合肥高新区——全面支持创新创业生态建设

2022 年，合肥高新区出台《建设世界领先科技园区进一步支持科技创新若干政策举措》（简称"创九条"政策），全方位、立体式服务合肥高新区科技创新生态建设。"创九条"政策提出对科技创新生态提供多维度全周期支持。重点围绕平台、人才、转化、技术、孵化、企业、金融、场景、服务 9

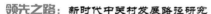

个核心维度，在支持创新平台建设、促进科技成果转化、强化全生命周期服务等九大方面，出台了 16 条具体支持政策举措。例如，引进培育一批高能级创新平台，最高给予 5000 万元支持；对支持关键领域"补短板"、国内（国际）首创的技术产品，最高给予首创产品 100 万元支持等。同时，"创九条"政策发挥市场在资源配置中的决定性作用和政府引导作用，以奖励、股权投资、贷款贴息、后补助等多种方式，重点支持平台建设、人才招引、科研攻关、成果转化、企业孵育、创新服务体系等，覆盖科技创新全链条。例如，对高层次人才团队在高新区创办企业，政策提供分期最高 500 万元支持、3年孵化载体补贴、3 年专业创业服务券，以及股权融资、科技金融产品贷款贴息等多项支持。

三、台湾新竹科学园——培育开放、创新、合作的园区文化

新竹科学园区创立至今，有不少创业者来自美国硅谷，自然会将美国企业文化导入园内，形成开放、创新、合作的园区文化。

第一，开放。20 世纪 70～80 年代，中国台湾地区有大量学生前往美国留学，其中多数人毕业后选择留在美国硅谷工作，他们不仅积累了硅谷先进的管理和运营经验，而且建立了广泛的社会关系网络。这使得新竹科学园与硅谷的技术团体之间形成了众多正式或非正式的交流渠道，使得知识、信息和技术快速传递。第二，创新。新竹科学园注重在引入技术的基础上加入大量创新的成分，通过研究创新开发出新的科技产品。这种不断创新的理念和氛围使得新竹科学园的企业能在激烈的竞争中屹立不倒。第三，合作。由于高科技产业具有巨大的风险性，新竹科学园的企业十分看重团队合作精神，在科研开发与企业经营方面注重合作，采取垂直分工的竞争策略，形成了一种尊重科学、重视技术、公平竞争、团结合作的文化氛围（鲁向平，2016）。

历史演进
与现状评价篇

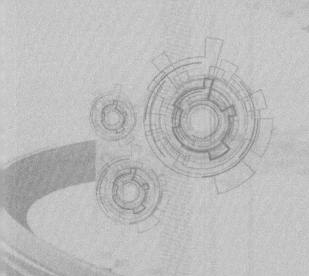

第五章

中关村科技园区的发展沿革

　　我国科技园区的建设发展始终伴随着经济体制改革和科技体制改革的不断深化,是促进科技与经济结合、探索实现创新驱动发展的伟大实践。中关村是我国创新发展的一面旗帜,这里曾诞生了我国科技创新发展历程中的多项"第一",如第一家民营科技企业、第一个国家级高新技术产业开发区、第一部科技园区条例、第一个国家自主创新示范区等。这些"第一"的产生,既得益于中关村持续不断的先行先试改革实践,又反过来引发了新一轮先行先试的改革浪潮。纵观中关村 40 余年的发展史,堪称一部先行先试的改革史,凝聚了一代又一代中关村人的宝贵的探索和不懈追求的精神,中关村始终处在我国探索社会主义市场经济体制和深化推进科技体制改革浪潮的前沿。

第一节 "中关村电子一条街"时期（1978～1987年）：在"科学的春天"里起步

中关村，曾名"中官屯"。1951年，国务院有关部门选择这里作为中国科学院院址；从那时起，"中官屯"更名为"中关村"，并逐渐发展成为我国高等学府和国家科研机构最为密集的地方。然而，在20世纪80年代以前，由于我国的科研与生产在体制层面的分隔，科技研究的经济价值无法实现，中关村还保持着默默无闻的小村落面貌。当时人们这样形容中关村："海淀区的中国科学院各大研究所的高墙深院内，是日新月异的高科技，我国的导弹、卫星、原子弹都在那里诞生；而高墙外面是中世纪田园风光，牛耕马拉的小农经济处处可见。"①

1978年3月，全国科学大会在北京召开，邓小平同志在大会开幕式上做了重要讲话，阐述了"科学技术是生产力"的著名论断。发展科学技术被提高到国家战略高度，我国迎来了"科学的春天"。1978年底，党的十一届三中全会确定把党和国家的工作重心转移到经济建设上来，改革开放也由此拉开了序幕。

在这样的时代背景下，以中国科学院物理研究所研究员陈春先为代表的科研人员走出高墙，开始了步入经济主战场的自发探索。1980年10月，陈春先在先后3次考察美国硅谷和"128号公路"的基础上，联合其他几名科研人员，移植美国新技术扩散模式，在位于中关村的中国科学院物理研究所仓库创办了"北京等离子体学会先进技术发展服务部"（以下简称"服务部"）。服务部的主要业务内容是为乡镇企业解决技术问题和开办实用技术讲座，实行"不要国家编制、不要国家投资、自筹资金、自负盈亏、自担风险"的"两

---

① 杨小林. 2019. 中关村科学城的兴起(1951—1999年)[J/OL]. http://ydyl.china.com.cn/2019-09/11/content_75195166_0.htm[2019-09-11].

不三自"原则。这是我国历史上第一家民办科研机构,也是我国第一家民营科技企业的前身。这种将科学技术转化为生产力的重要探索,打破了中国科学院以往的宁静,一批"不甘寂寞"的科研人员在服务部的周围开始了创业尝试,但也由此引发了我国科技体制内部的激烈争论,科研人员能否服务社会经济活动并获取相应的报酬成为争论的核心问题。

1983 年 1 月,新华社《国内动态清样》刊出了一篇题为《研究员陈春先搞"新技术扩散"试验初见成效》的内参,时任中央领导做出批示,支持陈春先和服务部,鼓励科技体制改革的新探索。《经济参考》对这一批示进行了公开发表,同时刊载了陈春先和服务部相关事迹的系列报道,在中关村地区引起了巨大震动,激发了一批有企业家头脑的科研人员走出大院大所,创办科技企业,利用自身的科学技术知识,开始以市场需求为导向的科技创新活动。京海、科海、四通、信通等一大批高技术企业如雨后春笋般应运而生,"中关村电子一条街"由此兴起。

1987 年 1 月,中国科学院院长周光召提出了中国科学院新的办院方针,即"把主要的科技力量投入到国民经济建设主战场,同时保持一支精干力量从事基础研究和高技术跟踪",标志着中国科学院办院方针的重大调整。同年 3 月,他又在中国科学院工作会议上明确提出"有重点地支持一批新技术开发公司(集团)或联合体,争取产品逐步进入国际市场",是中国科学院1987 年的主要任务之一。同年 7 月,国家经济委员会和中国科学院联合集资创建的非营利性社会经济组织"科技促进经济发展基金委员会"在北京正式成立。该委员会由国家经济委员会出资 1 亿元,中国科学院出资 7000 万元,旨在推动科研单位与生产单位的横向联系,主要以贷款和投资的方式支持科技成果的推广,加快科技成果的商品化进程。随着这些改革举措的推进,"中关村电子一条街"的科技企业从 1983 年时的 11 家发展到了 1987 年的 148家,其中中国科学院系统创办的科技企业就有 55 家。这些公司活跃在"中关村电子一条街"上,是"国有民营"推进科技成果转化的中坚力量。此时的中关村已经发展成为全国最大的计算机和电子产品集散地,并形成了独特的"技工贸一体化"发展模式。

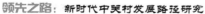

从上述发展历程可以看出，这一时期中关村的发展更多始于科研人员步入经济主战场的自发探索，这种探索实践在当时的时代背景下具有重大突破意义，并由此引发了我国科技体制的深刻变革，而来自政府层面的认可和支持，使得这种探索实践的示范效应不断放大，进一步推动了科技体制改革的深入发展，促成了中关村的初步崛起。

第二节　北京市新技术产业开发试验区时期（1988～1998年）：在改革开放的浪潮中发展壮大

1984年3月，国务院在北京组织召开"世界新的产业革命与我国对策"讨论会。会上，中国科学院赵文彦、陈益升、柳怀祖、唐世跃、马幼芬等5位学者提出，应借鉴美国硅谷和我国经济特区的经验，充分利用中关村的智力资源，建立科技特区。会议秘书组随后以《充分开发中关村地区智力资源，发展高技术密集区》为题，在《会议简报》第36期上发表了相关内容。1984年4月4日，新华社《经济参考》头版头条套红标题转发了这一建议，引起了高层的重视，要求有关专家研究和论证。这一建议对北京市新技术产业开发区的建立发挥了先导作用。

1984年6月，国家计划委员会中关村开发办公室提出了《中关村科技、教育、新兴产业开发区规划纲要（汇报稿）》（以下简称"汇报稿"）。"汇报稿"提出，把中关村办成科技、教育和新兴产业开发区；成立开发区管理委员会；经开发区管理委员会批准，对新技术开发公司给予免税三年的优惠。这些建议几乎都成为此后《北京市新技术产业开发试验区暂行条例》的关键内容。

20世纪80年代末，我国改革开放成效初步显现，同时国家确定了经济建设依靠科学技术、科技工作面向经济建设的战略方针。1987年底，新华社连续刊登了4篇有关"中关村电子一条街"的调查报道，引起了中共中央、国务院的高度重视，并批示由中共中央办公厅调研室牵头，国家科学技术委员会、国家教育委员会、中国科学院、中国科学技术协会、北京市科学技术委员会、海淀区政府组成"中关村电子一条街"联合调查组，对中关村地区科技公司的发展情况进行了深入调查。此后，联合调查组向中央财经领导小组提交了《中关村电子一条街调查》报告，肯定了中关村发展高新技术企业的方向，提出了兴办中关村新技术产业开发试验区的建议。

1988 年 3 月，中央财经领导小组召开会议，决定同意建立中关村科技工业园区。5 月 10 日，国务院批准《北京市新技术产业开发试验区暂行条例》，明确规定：以中关村地区为中心，在北京市海淀区划出 100 平方千米左右的区域，建立外向型、开放型的新技术产业开发试验区。由此，中关村作为我国高新技术产业发展"试验田"的定位被正式确立。该条例共计十八条，其中有关部门争议最大，但对中关村的发展至关重要的政策举措是税收优惠。该条例规定，新技术企业自开办之日起，三年内免征所得税，第四至六年可按当前税率，减半征收所得税。这一政策的优惠力度甚至超过了当时国家对外资企业的税收优惠。中关村试验区对新技术企业多方面的支持和税收优惠自然吸引了大批企业进驻。

在试验区的发展模式上，1989 年初，中关村试验区与北京市政府协定，1989 年底，试验区新技术企业如果完成上缴税金 5000 万元，北京市政府就要按一定比例返还部分税金给中关村试验区，作为财政支出和发展基金；如果完成上缴税金 7000 万元，北京市政府就要把超出的 2000 万元的一部分返还给中关村试验区。这种不要国家投资，还为国家上缴巨额税金，只用返还部分作为财政支出和发展基金的做法，得到了国家的大力支持。中关村迅速发展成为全国最活跃的科技人员创新创业集聚区。有关统计数据显示，1989 年，中关村试验区共有新技术企业 850 家，技工贸总收入 17.8 亿元，上缴国家税金 0.7 亿元；到 1993 年，中关村试验区新技术企业增至 3709 家，技工贸总收入 100 亿元，上缴国家税金 3.6 亿元（齐忠，2020）。

与中关村这一时期的改革发展相伴相随，中国科学院也进行了重大体制改革。1988 年 3 月，中国科学院院长周光召在全国科技工作会议上提出"一院两制"的建院模式构想，即"中国科学院的发展，必须从中国的国情出发，遵循科学技术自身的发展规律，走适合中国科学技术发展的道路。依据'一院两制'的模式，中国科学院科学研究体系的改革目标是打破封闭体系，形成开放的、流动的、联合的、富有活力的新局面，通过引入择优汰劣的竞争机制，保持一支精干的富有创新精神的研究队伍；高技术开发体系的改革目标是建立一支适应市场机制的宏观调控体制、生产经营体制及相应的支持系统，并与国内外企业界建立广泛的合作与联系，使中国科学院的开发工作进入经济领域，为国家产业结构调整以及开拓和发展中国高技术产业作出贡献"[①]。在"一院两制"建院模式思想的指引下，1988~1991 年，中国科学院系统在中关村试验区成立了 142 家高新技术企业。其中，规模最大的联想公司在 1991 年创下了技工贸总收入 3.9 亿元的骄人业绩，雄踞当时中关村试验区 50 个大企业的第 2 位；大恒公司获得了 1 亿多元的总收入，居第 7 位。这些企业为当时中关村试验区的发展起到了重要的示范和带动作用。

然而，正当中关村科技企业跃跃欲试、寻求更大发展之时，却受到了以产权问题为代表的旧体制机制的制约。这些科技企业多脱胎于集体经济，随着其发展壮大，产权矛盾引发的利益冲突四起，许多脱胎于集体经济的科技企业难以获得持续创新的动力，甚至在激烈的内耗中走向衰亡。1992 年，邓小平在南方谈话中提出"市场经济不等于资本主义""大胆地试、大胆地闯"，这些思想引导了中关村科技企业对产权改革的探索。1993 年底，联想公司董事会宣布，将按中国科学院 20%、中国科学院计算技术研究所 40%、联想公司职工 35%的股权比例分红，这成为中关村科技企业股份制改革的标志性事件。这些探索也使中央决策层逐渐意识到，产权问题已成为限制企业尤其是高科技企业发展的"瓶颈"，一场自上而下的经济制度改革悄然展开。

从 1994 年开始，试验区推进股份制改革，提出"在'谁投资谁所有'的基本原则下，兼顾创业科技人员及全体职工在资产积累过程中的贡献"的

---

① 杨小林. 2019. 中关村科学城的兴起(1951—1999 年)[J/OL]. http://ydyl.china.com.cn/2019- 09/11/content_75195166_0.htm[2019-09-11].

产权界定原则；将"谁投资谁所有"的原则落实到一批原属集体所有制性质的企业中，突破了当时的集体所有制企业法规中有关出资者个人不能拥有企业存量资产的限制；与此同时，试验区办公室出台了老企业改制为股份合作制企业的工作流程，并由多个部门分工负责，联手推进，使一批产权不清的企业通过股份合作制改造，重新界定了企业产权，一批个人出资的集体所有制企业恢复了真实的企业产权关系，中关村的高新技术产业获得了更大的发展空间。

随着中关村试验区的不断发展，空间局限性日益凸显。1990 年，北京市政府决定在北京其他地方寻找"中关村新生点"，以与海淀区实现优势互补，缓解试验区空间不足的矛盾，并由此建立了丰台园和昌平园。1994 年 4 月，国家科学技术委员会批准将丰台园、昌平园纳入中关村试验区政策范围。1999 年 1 月，经科技部批准，对中关村试验区的区域范围进行了再次调整，将酒仙桥电子城、亦庄园纳入其中。自此，中关村试验区形成了"一区五园"的空间格局。

从上述发展历程可以看出，这一时期的中关村确立了其新技术产业发展"试验田"的定位，在政府部门的主动筹划下，在政策优惠尤其是税收政策的大力支持下，推动实现了高新技术产业的快速发展。在这个过程中，政府和企业之间、北京市和中央之间逐渐形成了有效联动。中关村特有的高科技人才资源优势，使得相关企业能够抓住改革开放的有利契机，在发展计算机相关贸易活动的基础上推进后续的技术开发和形成新的技术产品，形成了"技工贸一体化"发展模式，成长为我国第一批高新技术企业。

第三节　中关村科技园区时期（1999~2008 年）：在科教兴国战略的指引下实现更高层次的发展

20 世纪 90 年代末，世界经济全球化趋势不断加强。1999 年 5 月，中共中央、国务院颁布的《关于加速科技进步的决定》首次提出科教兴国战略。此后，北京市政府、科技部联合向国务院递交了《关于实施科教兴国战略加快建设中关村科技园区的请示》。同年 6 月，国务院做出批复，提出力争用10 年时间，把中关村建成世界一流的科技园区。这是继 20 世纪 80 年代设立深圳经济特区、90 年代开发开放浦东后，国家做出的又一重大战略举措。1999年 8 月，"北京市新技术产业开发试验区"更名为"中关村科技园区"。

中关村科技园区建设获批后，如何建立起符合知识经济发展规律的市场经济体制来激发创新潜力、推动园区建设，成为摆在中关村科技园区面前的突出问题。在这样的背景下，《中关村科技园区条例》（以下简称《园区条例》）的立法研究工作开始启动。2000 年 12 月 8 日，《园区条例》由北京市第十一届人民代表大会常务委员会第二十三次会议通过，自 2001 年 1 月 1 日起施行。条例全文共计八章 80 条，制度重点是松绑，以进一步解放生产力。《园区条例》以保护投资者和创业者的合法权益为宗旨，做出了多项全国第一的创新性规定，着力为中关村科技园区建立符合知识经济发展规律的市场化环境，例如：首次确立了"法无明文规定不为过"的原则；明文规定保护创业者、投资者的合法权益；企业设立时可以不设立经营范围；规定了新的企业形式——有限合伙；明文规定中关村科技园区内的学校教师、学生兼职创业合法；为引进人才突破了制度障碍；明文规定了反垄断；对保护商业秘密和竞业限制进行了规定；建立了信用担保准备金制度和财政有限补偿担保代偿损失制度；规范土地一级开发；增设园区企业投诉渠道；首次设专章规范政府机构行为；对政府"不作为"的法律责任进行明文规定；等等。这些创新性的制度设计，使得《园区条例》一经出台就受到了各界一致好评，有海外媒体盛赞这是一部"充满了对知识和人才的敬意"的法律。

同期，北京市级财政设立了中关村科技园区发展专项资金，用于基础设施和重点项目建设、重大产业化项目引进、支持高新技术企业发展、支持企业自主创新能力提升、重大科技成果和关键技术的产业化，以及支持大学科技园以及留学生创业园的建设等。因此，自 1997 年白颐路改造起，中关村科技园区的硬环境建设开始加速。1999 年 7 月，海淀区开始全面整治白颐路；

12 月，白颐路北延工程竣工通车，实现了白颐路全线以及中关村科技园区与上地高新产业开发区的贯通；2000 年 2 月，这条园区中心道路被命名为"中关村大街"。位于中关村大街北端的海龙大厦，由原海淀区供销合作社改组而成，这座 18 层的雄伟建筑已成为中关村科技园区的新地标。到 2004 年，中关村科技园区改造大体完成，一改过去平房遍布的状态，环境条件得到极大的改善。与此同时，为了适应高新技术产业的发展需求，中关村科技园区的发展空间还在不断扩大。2001 年 6 月，中关村科技园区发展为包括海淀园、丰台园、昌平园、电子城、亦庄园、德胜园和健翔园在内的"一区七园"的空间布局。2006 年 1 月，经国务院批准，国家发展和改革委员会公告，确定了中关村科技园区规划范围，总面积为 232.52 平方千米。审核公告后的中关村科技园区实现了政策覆盖范围、城市规划和土地利用总体规划的三者合一，"一区多园多基地"的空间布局得到了进一步的充实。

这些举措极大地改善了中关村科技园区的创新创业环境，促进了"海归"创业浪潮的兴起、本土企业的壮大、国际公司的进驻，以及科技成果的转化、产学研融合的深度发展。统计数据显示，截至 2008 年初，在中关村科技园区由海外留学人员创办的企业已由 2000 年的 248 家增长至 2200 多家，海外归国英才成为中关村科技园区一支重要的创新力量，同时，他们也将国外先进的技术、管理理念、企业文化、资金、市场等带到了中关村科技园区。据不完全统计，海外资本在中关村科技园区风险投资的 80% 都投给了"海归"企业（冯永锋，2008）。除"海归"创业外，先前那些内生于中关村科技园区的创新型企业，如新浪、搜狐、百度、联想等，也在不断发展，逐渐成长为国际知名企业。例如：2000 年，大型门户网站新浪、搜狐先后在美国上市；2004 年，联想重组，巨资收购 IBM 的个人计算机（personal computer，PC）业务板块，开始向世界级大公司迈进；2005 年，百度在美国上市；等等。至此，中关村科技园区里登陆纳斯达克的公司达到了 11 家，占全国的一半。同时，IBM、微软、谷歌、英特尔等国际公司相继在中关村科技园区建立研发基地，它们连同原来的民营公司和留学生创立的公司，形成了中关村科技园区的"三个方面军"。截至 2009 年，依托 40 多所高校、200 余家国家及省

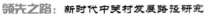

市级科研院所和 17 940 家高新技术企业的中关村科技园区，已形成了一套以企业为主体、以市场为导向、产学研深度融合的技术创新体系。在这近 1.8 万家的高新技术企业中，年收入超过 1 亿元的企业有 1253 家，超过 10 亿元的企业有 194 家；从业人员 1 062 345 人，其中研发人员 136 203 人；技工贸总收入 12 995.1 亿元（李丹等，2019）。新的动能还在不断聚合、积累、发展之中。

从上述发展历程可以看到，这一时期，中关村科技园区建立了更加市场化、法治化、国际化的园区环境，形成了更加丰富多元的创新创业主体力量，各种创新要素的协同组合使中关村科技园区展现出了巨大的创新能量，中关村科技园区开始成为中国的创新中心。

第四节　中关村国家自主创新示范区时期（2009～2018 年）：在深入推进先行先试中释放新的发展动能

2007 年党的十七大提出，要坚持走中国特色自主创新道路，把增强自主创新能力贯彻到现代化建设的各个方面。2009 年 3 月，《国务院关于同意支持中关村科技园区建设国家自主创新示范区的批复》明确提出，中关村科技园区的新定位是国家自主创新示范区（以下简称"中关村示范区"），担负着全国自主创新示范的重要使命。由此，中关村成为我国首个国家级自主创新示范区。

2009 年 5 月，北京市人大常委会正式启动《中关村国家自主创新示范区条例》（以下简称《示范区条例》）立法工作，目的是在总结《园区条例》实施情况的基础上，结合新的形势和要求，制定新的条例，通过固化经验、创新制度、探索新路，推动中关村发展再上新台阶。2010 年 12 月 23 日，经北京市第十三届人民代表大会常务委员会第二十二次会议审议通过，《示范区条例》正式公布施行。《示范区条例》共计十章 68 条，体量上与《园区条例》

大体相当。相较于《园区条例》，《示范区条例》对于示范区发展方向的定位、条例本身的定位，以及创新制度的设计都有了新的发展，为全面贯彻落实国务院批复精神、推动先行先试改革和科技创新提供了重要的制度保障。

为充分发挥自主创新示范作用，中关村的改革试点力度进一步加大，在管理体制、科技体制、政府服务、全面创新改革等各个方面持续探索。例如，成立了中关村国家自主创新示范区部际协调小组，并由国家有关部门和北京市共同组建中关村创新平台，进一步整合首都高校、科研院所、中央企业、高科技企业等创新资源，采取特事特办、跨层级联合审批模式，落实国务院同意的各项先行先试改革政策。2011 年，中关村全面开展"1+6"系列新政试点，包括搭建首都创新资源平台，实施中央级事业单位科技成果处置和收益权改革试点、税收优惠试点、股权激励、科研经费管理改革试点、高新技术企业认定试点、建设全国场外交易市场试点等，成为中关村发展新的重大里程碑。

与此同时，2010 年 9 月，北京市政府召开专题会议，研究加快建设中关村科学城等事项，会议讨论并原则通过了《北京市人民政府关于加快建设中关村科学城的若干意见》。2011 年 10 月，《中关村科学城发展规划（2011—2015）》正式发布，标志着中关村科学城建设的全面提速。该规划提出，中关村科学城以中关村大街、知春路和学院路为轴线，总面积约 75 平方千米，是中关村示范区核心区的核心；其发展目标是推动科技与产业融合、科技与金融融合、科技与文化融合，力争用 5～10 年时间，把中关村科学城打造成为世界高端科技人才聚集、企业研发总部云集、高技术服务业发达、科技创新创业和国际科技交流活跃的现代科学新城，巩固提升在创新型国家建设中的龙头地位。2012 年 10 月，国务院下发《关于同意调整中关村国家自主创新示范区空间规模和布局的批复》，同意调整中关村示范区的空间规模和布局，中关村示范区由原来的"一区十园"增加为"一区十六园"，面积为 488 平方千米。中关村示范区分园实行"双重领导、以区为主"的领导体制，16 个分园成立了 17 个分园管理机构，其中大兴-亦庄园分别由北京经济技术开发区管理委员会（负责管理经开区区域，简称"亦庄园"）、大兴-亦庄管理委员会（负责管理经开区以外的大兴园区，简称"大兴园"）两个分园管理机构进行管理。2016 年 9 月，国务院印发《北京加强全国科技创新中心建设总体方案》，提出推进中关村科学城、怀柔科学城和未来科技城等三大科学城建设。2017 年 9 月 29 日，《北京城市总体规划（2016 年—2035 年）》发布并实施。其中明确提出，"坚持提升中关村国家自主创新示范区的创新引领辐射能力，规划建设好中关村科学城、怀柔科学城、未来科学城、创新型产业集群和'中国制造 2025'创新引领示范区，形成以三城一区为重点，辐射带动多园优化发展的科技创新中心空间格局，构筑北京发展新高地，推进更具活力的世界级创新型城市建设，使北京成为全球科技创新引领者、高端经济增长极、创新人才首选地"。自此，包括中关村科学城在内的"三城一区"和中关村示范区开始并列见诸北京市的各项发展工作中，并逐渐成为北京国际科技创新中心建设的主平台和主阵地。

先行先试政策的推进实施和空间环境的改善提升极大地促进了中关村创业文化的蓬勃发展。2009 年 9 月 7 日，李开复等在清华大学科技园成立创新工场，采取"资本投资+孵化服务+专家指导"的企业孵化模式。2011 年 4 月 7 日，苏菂等 11 位天使投资人在海淀西大街联合投资设立了车库咖啡，这是全国第一家以创业为主题的咖啡厅。2014 年 6 月 12 日，全国首个创业服务聚集区——中关村创业大街开街。创业文化和服务环境在中关村地区日益发展成熟。至 2018 年，中关村拥有各类孵化机构 200 余家，每年新设科技型企业约 3 万家，形成了覆盖企业成长全周期、全链条的创业服务体系。

随着创新全球化时代的到来，技术、人才、资本不断向创新创业最活跃的地方聚集，这使得中关村不断涌现的新业态，再次发展成为改变世界的新浪潮。2010 年 3 月 4 日，王兴推出美团网，从线下到线上的全新服务业市场被激活。2012 年 3 月，北京字节跳动科技有限公司成立，同年 8 月，它的核心产品——今日头条问世，改变了人们获取信息的方式。2015 年 9 月 7 日，北京大学戴威创立"ofo 共享单车"。2015 年 10 月 8 日，滴滴快的专车平台被上海市交通委员会正式授予网络约租车平台经营资格许可。它们逐渐将分享经济的模式和理念带进中国。伴随着这些新兴产业和业态的快速发展，中关村成为我国国内独角兽企业数量最多的地方，形成了中知学、软件园和电子城三个独角兽集聚区，是全球独角兽数量仅次于美国硅谷的区域。

在中关村的发展巨变中，人才的重要价值不断凸显，并由此带来了人才发展体制机制改革的深入推进。2016 年 3 月 1 日，公安部支持北京创新发展的 20 项出入境政策措施正式实施，涉及外国人签证、入境出境、停留居留等方面，同时，公安部中关村外国人永久居留服务大厅正式对外办公，受理、审核永久居留申请，提供咨询服务，成为继中共中央办公厅、国务院办公厅印发《关于加强外国人永久居留服务管理的意见》后地方的第一个试点。随着这些政策的推进实施，中关村从过去在中国选人才，变为了在全球选人才，为中关村的发展再次注入了强大活力。与此同时，在北京生命科学研究所的基础上，北京市又先后在中关村不同园区布局建立了多家新型研发机构，如北京量子信息科学研究院、北京脑科学与类脑研究中心、北京智源人工智能研究院、北京雁栖湖应用数学研究院、全球健康药物研发中心、北京干细胞与再生医学研究院、北京纳米能源与系统研究所等，在聚焦国家战略需求、扩大用人自主权、科研经费使用"负面清单"管理等方面不断推进科研机构体制机制创新。

随着先行先试改革的不断深入，创新体系的日趋完善，中关村企业的自主创新能力显著增强，逐渐在人工智能、大数据、自动驾驶、新材料等领域，涌现出了一批全球领先的新技术和新产品，如龙芯通用 CPU 3A3000、寒武纪商用深度学习处理器、地平线国内首款嵌入式人工智能视觉芯片、百度无人驾驶平台、航材院石墨烯材料制备、百济神州单克隆抗体抗癌药物等。中关村的创新生态活力迸发，联想、百度等行业领军企业持续发挥引领带动作用；新型科研机构、开放实验室、产业技术联盟等新型产业组织不断涌现；创业孵化、科技金融、成果转化等科技服务持续完善；以"90 后"创业者、企业骨干创业者、连续创业者和海外创业者为代表的创业"新四军"高度活跃。中关村逐渐成为全球创新网络的重要枢纽，全球高端人才、资金和技术进一步在中关村集聚，中关村企业更多地参与到提高自主创新能力和若干重点产业的国际竞争中，代表国家抢占技术与产业的制高点。

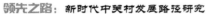

从上述发展历程可以看到，这一时期，伴随着一大批激励自主创新的先行先试政策在中关村落地实施，中央部委和地方部门共同发力，形成了全面有利于科技创新的体制机制，释放出了新的发展动能，各类市场主体和创新要素互相融合、相互作用，创新创业活力进一步迸发，中关村已经成为国家的创新高地、产业高地。

第五节　建设世界领先科技园区时期（2019年至今）：新时代新征程新使命

2019中关村论坛开幕，国家主席习近平向大会致贺信，强调中关村正努力打造世界领先科技园区和创新高地。举办中关村论坛，共议前沿科技和未来产业发展趋势，共商全球创新规则和创新治理，促进各国共享全球创新思想和发展理念，具有重要意义[①]。

2021中关村论坛开幕，国家主席习近平发表视频致辞，明确提出中关村是中国第一个国家自主创新示范区，中关村论坛是面向全球科技创新交流合作的国家级平台。中国支持中关村开展新一轮先行先试改革，加快建设世界领先的科技园区，为促进全球科技创新交流合作作出新的贡献[②]。

2023中关村论坛开幕，国家主席习近平发来贺信，强调"北京要充分发挥教育、科技、人才优势，协同推进科技创新和制度创新，持续推进中关村先行先试改革，进一步加快世界领先科技园区建设，在前沿技术创新、高精尖产业发展方面奋力走在前列"[③]。

习近平总书记关于中关村建设世界领先科技园区的重要指示，标志着中关村进入一个新的发展阶段。回顾过往，先行先试的改革实践，技术、产业、

---

① 习近平向2019中关村论坛致贺信[EB/OL]. http://jhsjk.people.cn/article/31406153[2019-10-17].

② 习近平向2021中关村论坛视频致贺[EB/OL]. http://jhsjk.people.cn/article/32235904[2021-09-24].

③ 习近平向2023中关村论坛致贺信[EB/OL]. https://www.gov.cn/yaowen/liebiao/202305/content_6876229.htm[2023-05-25].

金融、人才的汇集聚合，使中关村由"电子一条街"扩展至"一区多园"，从第一个国家级高新区到全国第一个国家自主创新示范区。如今，中关村已经成为我国重要的科技创新出发地、原始创新策源地、自主创新主阵地。新时期，建设世界领先科技园区成为中关村必须承担的重大历史使命和战略任务。中关村也将在这一新的征途上，继续改革创新，锐意进取，实现新的更大发展。

第六章

中关村科技园区的建设成效

　　作为新中国科技创新的摇篮，中关村科技园区经过 40 余年的发展，自主创新能力显著提升，创新创业取得突破性成效，新产业新业态蓬勃发展，体制机制改革持续深化，园区统筹发展成效显现，对外交流合作不断扩大，走出了一条中国特色的自主创新发展之路。今天的中关村科技园区已成为我国自主创新主阵地、扩大开放桥头堡、世界知名的"创新名片"。

第一节　创新资源高度密集

　　中关村科技园区集聚了全国最顶尖的高校院所、最优秀的创新人才、最有特色的创新服务资源和最集中的科技金融资源，高端创新要素高度密集，供给能力全国最强。

　　一是拥有高校院所智力资源的数量"领跑"全国。截至 2022 年底，中关村科技园区集聚了 90 多所高校、1000 多家科研机构等。2023 年，中国科学院大学、北京大学、清华大学、北京理工大学、北京化工大学等 14 所高校入选"2023 年全球自然指数 500 强"[①]，约占全国入选高校总数的 1/8。建设北京量子信息科学研究院、北京脑科学与类脑研究中心、北京智源人工智能研究院、北京雁栖湖应用数学研究院等一批新型研发机构。

二是汇聚了一批全球顶尖科学家和高水平"双创"人才。2022 年，中关村科技园区有 253 人次入选科睿唯安"全球高被引科学家"，占全国的 27%；19 位青年科学家上榜"科学探索奖"，占全国上榜总数的近四成；5 人入选福布斯"全球最佳创投人 TOP 100"，4 人入选世界经济论坛"全球青年领袖"，3 人入选福布斯"2022 年全球 30 岁以下青年才俊"[②]。

三是重点实验室等各类协同创新平台建设成效明显。2021 年，中关村科技园区拥有国家实验室 3 个、国家重点实验室 121 个、国家级企业技术中心 95 个、国家技术转移示范机构 51 个、国家级资质产品检验检测机构 232 个[③]，数量居全国前列。北京怀柔综合性国家科学中心建设成效初步显现，聚集高能同步辐射光源、综合极端条件实验装置等一批大科学装置，推进国家重大科技基础设施集群发展。

第二节　原始创新策源地作用持续增强

中关村科技园区聚焦原始创新和关键核心技术攻关，涌现出一批具有自主知识产权的重大技术创新成果，原始创新的引领、辐射和带动作用持续增强。

① 陈佳莹. 2023. 榜单公布，123 所高校上榜! [EB/OL]. https://www.thepaper.cn/newsDetail_forward_23509728?commTag=true[2023-06-16].

② 北京市科学技术委员会、中关村科技园区管理委员会. 2023. 中关村指数 2022 分析报告[EB/OL]. https://kw.beijing.gov.cn/art/2023/2/20/art_9918_641456.html[2023-02-20].

③ 北京市科学技术委员会、中关村科技园区管理委员会，北京市统计局，中关村创新发展研究院. 2022. 中关村国家自主创新示范区发展数据手册（2022）[DB].

一是突破性的重大原始创新成果和关键核心技术持续涌现。集聚力量进行原创性引领性科技攻关，在量子信息、生命健康等前沿技术领域涌现全球首个量子并行处理框架 QUDIO、世界首个无须光频异地传输的双场量子密钥分发技术、全球首个数字聚合酶链式反应（PCR）新冠检测产品等一批重磅原创成果[①]。产生了百度全球最大自动驾驶平台 Apollo、寒武纪国际领先的深度学习智能芯片、旷视国际领先的人工智能算法平台 Brain++、天智航全球唯一可开展脊柱全节段手术的骨科手术机器人等一批创新成果。涌现了国际首台量子直接通信原理样机、全球首款 96 核区块链专用加速芯片、全球最大人工智能训练模型"悟道 2.0"、全球首个治疗肝衰竭的干细胞新药等。中国科学院空天信息创新研究院的超高精度定位技术、作业帮的远程技术、字节跳动的 TikTok 推荐算法技术入选《麻省理工科技评论》发布的"2021 年全球十大突破性技术"[②]。在"2020 年度中国科学十大进展"中，中关村创新主体主导和参与的占 7 项，如中国航天科技集团有限公司设计的防热材料和两级伞减速方案为嫦娥五号保驾护航、中国科学院研发的固体浮力材料助力"奋斗者"号成功探底等。

二是创新产出稳步提升。2021 年，中关村科技园区企业 R&D 费用投入 4600.2 亿元，R&D 投入强度 5.5%，分别比 2012 年增长 367.8%和 41.0%（图 6-1），83 家企业入选欧盟"2021 年全球企业研究与开发经费投入 2500强"。有效发明专利拥有量突破 18 万件，年度获得专利授权约 9.2 万件，占全市六成以上（图 6-2），企业 PCT 国际专利申请 8189 件，其中 4 家企业跻身世界知识产权组织"2021 年全球 PCT 国际专利申请 TOP100"[③]。中关村企业和产业联盟主导创制发布标准 1.5 万项，其中国际标准 605 项。

---

① 北京市科学技术委员会、中关村科技园区管理委员会. 2023. 中关村指数 2022 分析报告[EB/OL]. https://kw.beijing.gov.cn/art/2023/2/20/art_9918_641456.html[2023-02-20].

② 北京市科学技术委员会、中关村科技园区管理委员会. 2022. 先行先试 中关村示范区十年建设硕果累累[EB/OL]. https://www.beijing.gov.cn/ywdt/gzdt/202210/t20221011_2833384.html[2022-10-11].

③ 北京方迪经济发展研究院，中关村创新发展研究院. 2022. 中关村指数 2022[EB/OL]. https://www.ncsti.gov.cn/kcfw/kchzhsh/ 2022zgczs/[2022-12-24].

图 6-1　中关村科技园区企业 R&D 费用及占总收入比重（2012～2021 年）

资料来源①：北京市科学技术委员会、中关村科技园区管理委员会、北京市统计局、中关村创新发展研究院. 2022. 中关村国家自主创新示范区发展数据手册（2022）[DB]

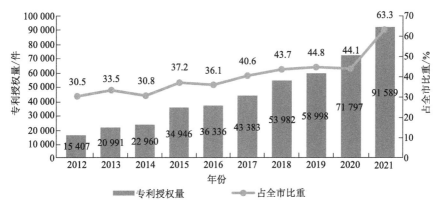

图 6-2　中关村科技园区企业专利授权量及占全市比重（2012～2021 年）

三是创新成果转化能力不断增强。2021 年，中关村科技园区企业技术交易成交数为 59 527 项，比 2012 年增长了 82.3%，占全市比重由 54.5%增至 63.6%；技术交易成交额为 4540.3 亿元，比 2012 年增长了 278.5%，占全市比重由 48.8%增至 64.8%（表 6-1）。从技术交易流向来看，2021 年，中关村科技园区六成以上的技术交易成交数和交易额都流向外省市，流向北京市的仅为三成左右（图 6-3）。

———————————

① 本章所有图表的资料来源均为《中关村国家自主创新示范区发展数据手册（2022）》。只在数据首次出现处标注，为避免重复，后续图表将不再注明资料来源。

表6-1 中关村科技园区企业技术交易情况（2012～2021年）

年份	成交项数		成交额	
	项数/项	占全市比重/%	金额/亿元	占全市比重/%
2012	32 657	54.5	1199.6	48.8
2013	45 260	72.1	2484.1	84.2
2014	48 086	71.5	2259.0	72.0
2015	46 874	64.9	2905.5	84.2
2016	54 710	73.0	3067.5	77.8
2017	56 522	69.6	3549.0	79.1
2018	52 728	63.9	3649.2	73.6
2019	55 514	66.7	3932.3	69.0
2020	55 329	65.5	4213.5	66.7
2021	59 527	63.6	4540.3	64.8

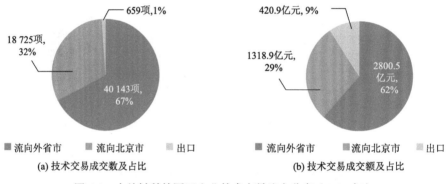

图6-3 中关村科技园区企业技术交易流向分布（2021年）

第三节 创业活力持续释放

中关村源起于科技人员的创业活动，40余年来坚持以创新精神培育创新土壤，创业活力持续不减，创新创业生态不断优化。

一是创业活动日益活跃。截至2021年，中关村科技园区高新技术企业有2.4万家，其中大型企业、中型企业、小型企业、微型企业占比分别为4%、12%、51%和33%（图6-4）；国家高新技术企业有15 813家，年收入1亿元以上企业有 4106 家，年收入 1000 亿元企业达到 8 家。2021 年新设科技型企业 28 194 家，日均新设立科技型企业近 80 家，大企业系创业者、科学家、青年人才、连续创业者等硬核创业力量成为高质量创业主力军[①]。风险投资愈发活跃，集聚股权投资机构约 1800 家，股权投资案例 1707 起，投资金额近 2400 亿元，均占全国两成左右[②]。

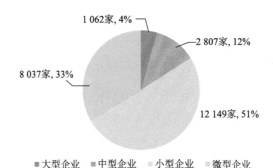

1 062家，4%
2 807家，12%
8 037家，33%
12 149家，51%

■大型企业　■中型企业　　小型企业　　微型企业

图 6-4　中关村科技园区企业按大中小微类型分组（2021 年）

二是创业服务体系不断完善。2021 年，中关村科技园区培育科技企业孵化器、大学科技园、特色园区等近 500 家，其中国家大学科技园 16 个，占全国的 11.5%；累计服务企业 2890 家，占全国的 19.5%。国家级科技企业孵化器 66 个，占全国的 4.6%；累计服务企业 10 261 家，占全国的 8.0%。国家备案众创空间 147 个，占全国的 7.1%；当年服务的创业团队和初创企业分别为 10 725 家和 15 730 家，各占全国的 14.2%和 18.0%[③]。支持建设技术创新中心、工程研究中心等各类共性技术平台超过 1000 个，集聚了近 600 家联盟协会和民办非企业组织以及上千家法律、会计、知识产权服务机构[④]。

三是"双创"生态国内领先。根据基因创业（Startup Genome）发布的

---

① 北京市科学技术委员会、中关村科技园区管理委员会. 2023. 中关村指数 2022 分析报告[EB/OL]. https://kw.beijing.gov.cn/art/2023/2/20/art_9918_641456.html[2023-02-20].

② 北京市科学技术委员会、中关村科技园区管理委员会. 2022. 先行先试 中关村示范区十年建设硕果累累[EB/OL]. https://www.beijing.gov.cn/ywdt/gzdt/202210/t20221011_2833384.html[2022-10-11].

③ 北京市科学技术委员会、中关村科技园区管理委员会，北京市统计局，中关村创新发展研究院. 2022. 中关村国家自主创新示范区发展数据手册（2022）[DB].

④ 北京市科学技术委员会、中关村科技园区管理委员会. 2022. 先行先试 中关村示范区十年建设硕果累累[EB/OL]. https://www.beijing.gov.cn/ywdt/gzdt/202210/t20221011_2833384.html[2022-10-11].

《全球创业生态系统报告 2023》，硅谷、伦敦和纽约位列全球创新生态的前三，北京位列第七[①]。《2023"中国 100 城"城市创新生态指数报告》显示，北京在创新生态指数排名中位列第一[②]。"中关村指数 2022"显示，中关村科技园区创新创业生态指数提升明显，其中成果转化与孵化指数增势强劲，创业活力指数稳步提升。

四是科技创新催生新模式新业态。以众筹、众创、众扶和众包等新模式，孵化出小米、字节跳动、美团等一批新兴的领军企业；依托信息技术服务、互联网经济发展的先发优势培育形成互联网出行、智慧医疗、互联网教育等跨界融合的新业态，催生出滴滴出行、春雨医生、猿辅导等一批龙头企业；以科技服务业为代表的现代服务业专业化特征明显，催生了权大师、知呱呱、知果果、易科学、康龙化成等一批知识产权服务企业与研发设计企业。

第四节　企业创新主体地位愈发强劲

中关村科技园区加快培育一批高价值、高能级、高成长企业，企业创新主体地位愈发凸显，形成头部企业领跑、优质企业壮大、新锐企业开花的发展格局。

一是创新型企业数量稳步增长。2012～2021 年，中关村科技园区新设科技型企业的数量总体呈现稳步上升的趋势，2021 年新设科技型企业达 28 194 家，同比增长了 7.9%（图 6-5）。创新型领军企业不断增多，京东、小米等 10 家企业入选《财富》"2021 年世界 500 强"，8 家企业入选品牌金融（Brand Finance）"2021 全球科技品牌价值 100 强"，小米、百度等 32 家企业入选福布斯"2022 年全球企业 2000 强"。

---

① 网易．2023．机构发布全球新兴企业培育环境城市排名：硅谷第 1，北京第 7[EB/OL]．https://www.163.com/dy/article/I7JHU4SN0511B8LM.html[2023-06-19]．

② 全球城市网．2023．《2023"中国 100 城"城市创新生态指数报告》发布[EB/OL]．https://g-city.sass.org.cn/2023/0727/c4951a551443/page.htm[2023-07-28]．

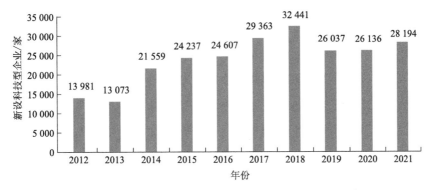

图 6-5 中关村科技园区新设科技型企业数（2012～2021 年）

二是上市企业竞争力持续增强。从上市企业数量来看，截至 2022 年 6 月底，中关村科技园区上市企业达 466 家（其中境内 338 家、境外 128 家），总市值合计 10.1 万亿元，其中 22 家企业市值超 1000 亿元。美团、京东、百度、快手、小米、理想汽车、京沪高铁、李宁、三一重工等企业排进中关村示范区上市企业市值前 20 强，市值均超过 1200 亿元。

三是独角兽企业优势明显。截至 2021 年底，中关村科技园区共有独角兽企业 102 家，年度新晋独角兽企业 47 家，其中天眼查、滴普科技等软件与信息服务企业 7 家，百图生科、艾美疫苗等医疗健康企业 6 家，驭势科技、思灵机器人等人工智能企业 4 家，摩尔线程、奕斯伟等集成电路企业 4 家，叮当快药、元气森林等新消费企业 8 家，PingCAP、睿智科技等大数据与云计算企业 2 家，蓝箭航天、星际荣耀等航空航天企业 3 家，新潮传媒、阿里音乐等新媒体企业 5 家，福佑卡车、积木盒子等其他企业 8 家。截至 2022 年 6 月，CB Insights 发布的全球独角兽企业榜单显示，硅谷、纽约两地的独角兽企业占比分别为 16.4% 和 6.8%，北京独角兽企业占比为 4.0%[①]。从独角兽企业上市首次公开发行（initial public offering，IPO）情况来看，快手、京东物流、滴滴出行、商汤科技、图森未来等 12 家企业均于 2021 年上市，总市值超过 7000 亿元。

---

① 北京市科学技术委员会、中关村科技园区管理委员会，北京市统计局，中关村创新发展研究院. 2022. 中关村国家自主创新示范区发展数据手册（2022）[DB].

四是企业国际影响力不断增强。中关村科技园区企业 PCT 国际专利申请量稳步增长，2021 年 PCT 国际专利申请量为 8189 件，同比增长了 32.2%（图 6-6）。中关村科技园区 PCT 国际专利申请量排名前十的企业主要集中在电子信息产业，如京东方、小米、字节跳动、大唐移动、联想、商汤科技等；京东方是 PCT 国际专利申请量最大的企业，占中关村科技园区企业 PCT 国际专利申请量的三成以上。2021 年，中关村科技园区外商和港澳台商投资企业 1334 家，占中关村科技园区的 5.5%；总收入和出口总额分别为 3 万亿元和 2219 亿元，占中关村科技园区比重分别为 36.6% 和 57.0%[①]。

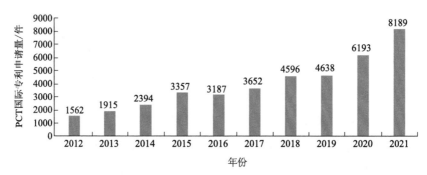

图 6-6　中关村科技园区企业 PCT 国际专利申请量（2012～2021 年）

第五节　高精尖产业体系加快构建

中关村把打造高精尖产业作为构建首都高精尖经济结构的突破口，形成了新一代信息技术、生物健康、智能制造与新材料、生态环境与新能源、现代交通等新兴产业集群，涌现出金融科技、无人驾驶、智慧物流等跨界融合新业态。

一是产业经济效益稳中有进。2021 年，中关村科技园区实现总收入达 8.4 万亿元，同比增长 16.8%，占全国高新区 1/6 以上（图 6-7）；实现增加值

---

① 北京市科学技术委员会、中关村科技园区管理委员会，北京市统计局，中关村创新发展研究院. 2022. 中关村国家自主创新示范区发展数据手册（2022）[DB].

1.3 万亿元，占全市地区生产总值的 33.3%，对全市经济增长贡献率 48.3%；劳动生产率 47.0 万元/人，人均税收 11.1 万元，实现 20% 以上的快速增长[①]。

图 6-7　中关村科技园区总收入及占全国高新区的比重（2016～2021 年）

二是高精尖产业发展优势明显。从产业规模来看，2021 年，中关村科技园区电子信息、生物医药、新材料、先进制造、新能源与节能、环境保护 6 个重点技术领域的总收入达到 7.1 万亿元，同比增长 19.8%，占中关村科技园区总收入比重为 83.7%，较 2020 年提高了 2.1 个百分点（图 6-8）。从产业联盟来看，2021 年中关村科技园区有高精尖产业联盟 240 家，其中新一代信息技术、科技服务、医药健康、节能环保领域联盟较多，占 3/4（图 6-9）。

三是电子信息产业发展成效突出。从技术领域分布来看，电子信息产业一枝独秀，占五成以上；生物医药、新材料、新能源与节能、环境保护等产业占比均不超过 11%（图 6-10）。已形成新一代信息技术和科技服务业 2 个万亿级产业集群，医药健康、智能装备、人工智能、节能环保和集成电路 5 个千亿级产业集群。2021 年，中关村电子信息产业实现总收入 4.3 万亿元，人工智能产业综合实力位居全球前列，大数据、信息安全市场占有率位居国

---

① 北京市科学技术委员会、中关村科技园区管理委员会. 2023. 中关村指数 2022 分析报告[EB/OL]. https://kw.beijing.gov.cn/art/2023/2/20/art_9918_641456.html[2023-02-20].

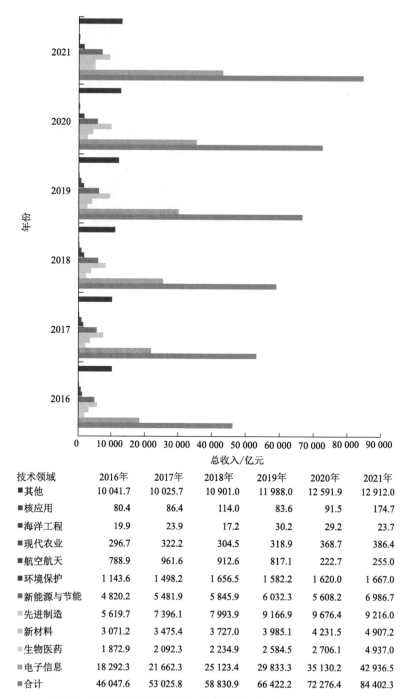

技术领域	2016年	2017年	2018年	2019年	2020年	2021年
■其他	10 041.7	10 025.7	10 901.0	11 988.0	12 591.9	12 912.0
■核应用	80.4	86.4	114.0	83.6	91.5	174.7
■海洋工程	19.9	23.9	17.2	30.2	29.2	23.7
■现代农业	296.7	322.2	304.5	318.9	368.7	386.4
■航空航天	788.9	961.6	912.6	817.1	222.7	255.0
■环境保护	1 143.6	1 498.2	1 656.5	1 582.2	1 620.0	1 667.0
■新能源与节能	4 820.2	5 481.9	5 845.9	6 032.3	5 608.2	6 986.7
■先进制造	5 619.7	7 396.1	7 993.9	9 166.9	9 676.4	9 216.0
■新材料	3 071.2	3 475.4	3 727.0	3 985.1	4 231.5	4 907.2
■生物医药	1 872.9	2 092.3	2 234.9	2 584.5	2 706.1	4 937.0
■电子信息	18 292.3	21 662.3	25 123.4	29 833.3	35 130.2	42 936.5
■合计	46 047.6	53 025.8	58 830.9	66 422.2	72 276.4	84 402.3

图 6-8　中关村科技园区各技术领域总收入（2016～2021 年）

注：因四舍五入原因，合计一行数据与图中实际加和数据会有一定的误差

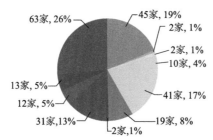

图 6-9 中关村科技园区高精尖产业联盟分组（2021 年）

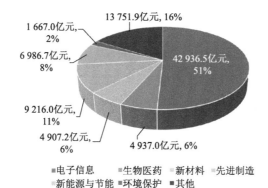

图 6-10 中关村科技园区各技术领域总收入（2021 年）

内第一，集成电路设计收入占全国的 1/3[①]，形成全球最大人工智能训练模型"悟道 2.0"、全球首款 96 核区块链专用加速芯片、长寿命超导量子比特芯片等一批成果。生物健康产业集群竞争力强，在全国生物医药产业园区竞争力排行榜中位列第一，2021 年产业规模 5000 亿元左右。先进制造产业创新优势凸显，2021 年实现总收入近万亿元，福田康明斯、三一重工入选世界经济论坛"灯塔工厂"，小米"黑灯工厂"成为世界级行业标杆，树根互联、梅卡曼德等 7 家企业入选"2021 年全球智能制造科技创新 50 强"[②]。

① 北京市科学技术委员会、中关村科技园区管理委员会. 2022. 先行先试 中关村示范区十年建设硕果累累[EB/OL]. https://www.beijing.gov.cn/ywdt/gzdt/202210/t20221011_2833384.html[2022-10-11].

② 国际科技创新中心. 2022. 科创这五年②丨加快建设世界领先的科技园区[EB/OL]. https://www.ncsti.gov.cn/kjdt/xwjj/202206/t20220627_85480.html[2022-06-30].

第六节　先行先试改革持续引领

中关村不断破除体制机制束缚，大力深化先行先试改革，示范引领作用不断增强。制定打造中关村先行先试改革升级版工作方案，统筹推进全面深化改革与中关村先行先试专项任务和项目。

一是先后实施"1+6"①"新四条"②"新新四条"③"中关村国际人才新政 20 条"④等先行先试政策。2021 年 11 月，中央全面深化改革委员会第二十二次会议审议通过了《关于支持中关村国家自主创新示范区开展高水平科技自立自强先行先试改革的若干措施》（简称"先行先试政策 24 条"）。该政策在科技成果"三权"改革、股权激励、税收优惠、科技金融、外籍人才管理服务、商事登记管理、出入境检验检疫、创新医疗器械应用推广等方面开展了全面改革，30 余项试点政策在全国推广实施，不断形成可复制可推广的经验，为全国科技体制改革探新路做先导。

二是科技成果转化政策体系不断探索完善。围绕科技成果转化支持核心区内单位使用成果转化条例、科技成果先使用后付费、职务科技成果单列管理、技术经理人队伍建设、技术转移机构及技术经理人登记、落实完善科技成果评价机制等系列政策，旨在解决中小企业使用高校院所科技成果许可费用高且渠道不畅、技术转移人才匮乏、科技成果评价

---

① "1"是搭建中关村创新平台，"6"是在中央及事业单位科技成果处置权和收益权改革试点、税收政策试点、中央单位股权激励审批方案、科研经费管理改革试点、完善高新技术企业认定、统一监管下的全国性场外交易市场等方面实施 6 项新政策。

② 2013 年 9 月，国家有关部委发布的支持中关村国家自主创新示范区创新发展的四项政策，包括：开展文化科技融合企业认定工作试点，经认定的企业可减按 15%的税率征收企业所得税；有限合伙制创业投资企业法人合伙人企业所得税政策试点；5 年以上非独占许可使用权转让纳入技术转让所得税优惠政策试点；中小高新技术企业向股东转增股本的个人所得税可最长不超过 5 年分期缴纳试点。

③ 2014 年 12 月，国务院常务会议同意第一批重点推动 4 项新政策在中关村展开试点，分别是：外籍高端人才永久居留资格程序便利化试点，放宽人才中介机构外资出资比例限制试点，支持中关村研究设立民营银行服务科技企业试点，调整存储生物制剂等公用型保税仓库建设标准试点。

④ 政策全称是《关于深化中关村人才管理改革　构建具有国际竞争力的引才用才机制的若干措施》。

指挥棒作用发挥不足等问题，充分激发创新主体转化活力，推动重大科技成果在京落地。

三是营商环境持续优化改善。围绕创新创业服务，强化提升营商环境，打造新型园区形态，不断优化宜居宜业环境。中关村围绕做强创新主体、集聚创新要素、优化创新体制机制三个方面，开展新一轮先行先试改革，率先推动高新技术企业报备即批准、提高科技型中小企业研发费用加计扣除比例、企业基础研究支出加计扣除、上市高新技术企业股权激励分期纳税等一批改革措施落地[①]。

第七节　"一区多园"协同发展成效显现

中关村科技园区持续推动"一区多园"协同发展，通过政策与规划引导园区合理布局、协调发展，逐步形成了导向明确、协同有序的新发展格局。

一是以战略规划引领"一区多园"协同发展。中关村国家自主创新示范区领导小组印发了《中关村国家自主创新示范区统筹发展规划（2020 年—2035 年）》，该规划重点从产业、空间、管理机制方面加强统筹，中关村示范区各分园聚焦重点产业领域和关键环节，构建高精尖产业结构，加强专业化产业服务能力，培育新兴产业和未来产业，提升产业核心竞争力；明确各分园近期优先重点发展的主导产业和培育产业。在保持中关村示范区 488 平方千米总体规模不变的前提下，重点聚焦 31 个发展组团，加强组团内部功能协同与统筹管理，实现资源与服务共享，促进各组团差异化、特色化发展。中关村国家自主创新示范区领导小组办公室印发了《中关村国家自主创新示范区分园三年提升发展行动方案（2023—2025 年）》，该方案提出利用三年时间在中关村示范区分园组织实施新一轮提升发展行动，建立清单化管理、项

---

① 北京市科学技术委员会、中关村科技园区管理委员会. 2023. 中关村指数 2022 分析报告[EB/OL]. https://kw.beijing.gov.cn/art/2023/2/20/art_9918_641456.html[2023-02-20].

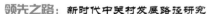

目化推进、责任化落实机制，以确保行动取得实效，并有力支撑"一区多园"高端化、特色化、差异化发展。17 个分园部署产业发展提升行动，东城园、西城园、丰台园、石景山园等 9 个分园部署空间载体提升行动，朝阳园、海淀园、昌平园、大兴园、房山园、亦庄园等 11 个分园部署创新生态优化提升行动①。

二是分园特色化发展特点凸显。从各分园重点技术领域总收入及占比来看②，2021 年，海淀园、东城园、石景山园均以电子信息产业为优势产业，占比分别为 81.5%、27.7%、49.4%；丰台园以新材料、电子信息产业为主，两者占比超四成；昌平园以电子信息、新能源与节能为主，两者占比分别为 37.6% 和 29.7%；朝阳园以电子信息、先进制造、新能源与节能为主，三者占比超七成；亦庄园以电子信息、先进制造、生物医药为主，三者占比超八成；西城园以新能源与节能为主，占比近四成；通州园生物医药、新材料、先进制造产业发展较为均衡，占比均未超过两成；大兴园以生物医药产业为主，占比超七成；门头沟园以电子信息、新能源与节能为主，两者占比超七成；平谷园各产业发展较为均衡，电子信息、新材料、生物医药、新能源与节能占比均超两成；房山园以新材料、先进制造、电子信息为主，三者占比超六成；顺义园以先进制造和电子信息为主，两者占比超五成；密云园以电子信息、先进制造、生物医药为主，三者占比超六成；怀柔园和延庆园分别以先进制造和新材料为主，占比分别为 54.4% 和 46.1%。图 6-11、图 6-12、图 6-13 分别显示了分园总收入排名前三位的海淀园、朝阳园、亦庄园重点技术领域总收入及占比。

① 北大法宝. 2023. 中关村国家自主创新示范区领导小组办公室印发《中关村国家自主创新示范区分园三年提升发展行动方案（ 2023-2025 年 ）》[EB/OL]. http://sda.pkulaw.cn/fulltext_form.aspx?Db=news&Gid=c3ad4c82736a1bb1bdfb[2023-10-17].

② 北京市科学技术委员会、中关村科技园区管理委员会，北京市统计局，中关村创新发展研究院. 2022. 中关村国家自主创新示范区发展数据手册（2022）[DB].

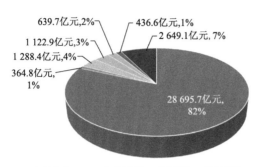

图 6-11 海淀园重点技术领域总收入及占比（2021 年）

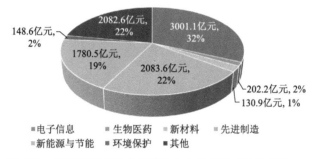

图 6-12 朝阳园重点技术领域总收入及占比（2021 年）

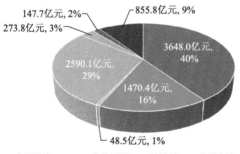

图 6-13 亦庄园重点技术领域总收入及占比（2021 年）

　　三是分园企业创新能力差异性凸显。从新设科技型企业数来看，2021 年海淀园新设科技型企业 1.1 万家，集中了中关村科技园区四成以上的新设科技型企业；其次为亦庄园、昌平园、朝阳园、通州园、丰台园、石景山园，占中关村科技园区的比重均超过 5%（图 6-14）。从企业创新能力来看，海淀园优势明显，2021 年海淀园专利授权量达 38 798 件，占中关村科技园区专利授权量的四成以上；朝阳园以 12 179 件处于第二名的位置（图 6-15）。

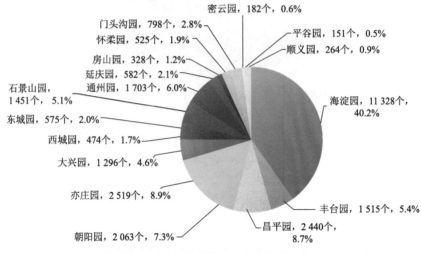

图 6-14　中关村科技园区新设科技型企业数按园区分组（2021 年）

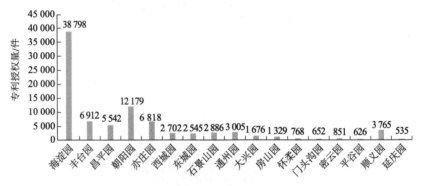

图 6-15　中关村科技园区企业专利授权量按园区分组（2021 年）

第八节　加速融入国际创新网络

中关村科技园区依托北京"两区"①"三平台"②建设，持续加强全球创

---

① "两区"指国家服务业扩大开放综合示范区和中国（北京）自由贸易试验区。
② "三平台"指中国国际服务贸易交易会、中关村论坛和金融街论坛。

新资源配置，提升对外开放水平，其辐射带动作用不断增强，致力于打造一个国际化的创新生态圈。

一是国际贸易呈现良好韧性。2021年，中关村科技园区企业出口总额达到3893.8亿元，同比增长46.0%，占全市出口总额的六成以上，显示出稳步增长的态势。从重点技术领域出口情况来看，电子信息、生物医药是出口最多的两个重点产业，占比分别为42%和29%（图6-16）。从出口目的地分布来看，中关村科技园区第一大出口目的地是亚洲，占比达到85.7%；其次分别为欧洲（5.9%）、北美洲（4.1%）、拉丁美洲（2.5%）、非洲（1.3%）、大洋洲（0.2%）。

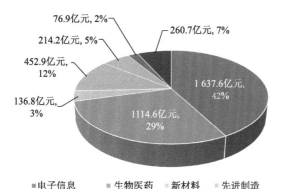

图6-16 中关村科技园区重点技术领域出口情况（2021年）

二是加速汇聚国内外高端创新资源。截至2021年，中关村科技园区在硅谷、伦敦等地累计设立了19个海外联络处，上市公司在海外设立的研发中心和分支机构逾千家，并吸引了300多家跨国企业地区总部和研发中心聚集于此（张伟，2021），留学归国人员及外籍从业人员达到6.6万人（图6-17）。从中关村科技园区企业境外设立分支机构的地区分布来看，近一半设在亚洲（49.8%），其次是非洲（15.4%）、北美洲（14.6%）、欧洲（12.3%）、拉丁美洲（6.3%）和大洋洲（1.6%）。

三是打造以中关村论坛为品牌的国际交流平台。自2018年起，中关村论坛已连续以高水平举办，并逐步发展成为具有世界影响力的创新合作论坛。2023年，中关村论坛以"开放合作·共享未来"为主题在北京成功

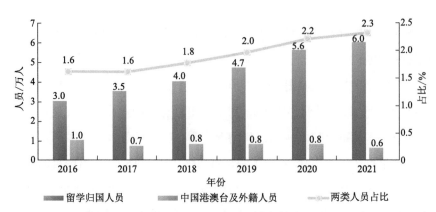

图 6-17　中关村科技园区留学归国人员、中国港澳台及外籍人员情况（2016～2021 年）

举办，设置论坛会议、技术交易、展览展示、成果发布、前沿大赛、配套活动六大板块，围绕前沿技术、产业创新、科技金融、科技文化等内容举办配套活动。论坛共 1160 余名嘉宾发表演讲，签约项目 129 项，签约金额超 810 亿元[①②]。

四是打造"类海外"的制度环境。加快朝阳望京、中关村科学城、未来科学城、石景山首钢、通州、顺义、怀柔科学城、经济技术开发区等 8 个国际人才社区建设，提供高品质、国际化的教育、医疗、居住、文体休闲等全方位保障，营造"类海外"人才生态环境。同时，推动 1.1 万套国际人才公寓、23 所国际学校、8 家国际医院、18 个外国人服务站点建设（朱竞若，王昊男，2021）。

---

① 中关村论坛. 2023.《人民日报》专题报道 2023 中关村论坛：深化开放合作 共享美好未来[EB/OL].
https://www.zgcforum.com.cn/news/media/8187 [2023-06-02].
② 光明日报. 2023. 打造全球科技交流合作的"金名片"——写在 2023 中关村论坛主会期闭幕之际
[EB/OL]. https://news.gmw.cn/2023-06/02/content_36604166.htm[2023-06-02].

第七章

中关村科技园区的空间布局

第一节 中关村科技园区的空间布局演化进程

一、缘起"中关村电子一条街"（1978～1988 年）

1980 年 10 月 23 日，在北京市科学技术协会的支持下，曾两次到美国硅谷考察的中国科学院物理研究所研究员陈春先与 6 名科技人员一起，成立北京等离子体学会先进技术发展服务部。这一创举标志着日后被誉为中国"硅谷"的中关村建设的正式启动。到 1987 年，以"两通两海"、联通等一批民营科技企业聚集在自白石桥起沿白颐路（今中关村大街）向北至成府路和中关村路至海淀路一带，东至学院路，形成大写的英文字母 F 形地区，遍布开发经营电子产品的民营科技群体，被人们俗称为"中关村电子一条街"[①]。

---

① 北京市科学技术委员会，中关村科技园区管理委员会. 2016. 发展历程[EB/OL]. http://kw.beijing. gov.cn/col/col9966[2023-12-25].

二、"一区一园"正式成立（1988～1994 年）

1988 年 5 月 10 日国务院批准、5 月 20 日北京市政府印发的《北京市新技术产业开发试验区暂行条例》规定，以中关村地区为中心，在北京市海淀区划出 100 平方千米左右的区域为北京市新技术产业开发试验区的政策区范围。该条例的印发也标志着北京市新技术产业开发试验区正式成立。北京市新技术产业开发试验区以北京大学、清华大学、中国科学院等著名学府和科研机构为依托，是中国第一个以电子信息产业为主导，集科研、开发、生产、经营、培训和服务于一体的综合性基地。1991 年 5 月在中关村设立了中国第一家高新技术交易市场——北京市新技术产业开发试验区科技贸易中心。

三、"一区三园"到"一区七园"（1994～2006 年）

从 1994 年 4 月起，经国家科学技术委员会批准，北京市新技术产业开发试验区和中关村科技园区先后三次调整范围，经历了"一区三园""一区五园""一区七园"的发展格局，但政策区域范围始终保持 100 平方千米不变。

1994 年 4 月，国家科学技术委员会批准将丰台园、昌平园纳入试验区政策区范围。

1999 年 1 月，经科技部批准，试验区区域再次调整，将电子城、亦庄园纳入试验区政策区范围。

1999 年 6 月，国务院对北京市政府、科技部报送的《关于实施科教兴国战略加快建设中关村科技园的请示》做出《关于建设中关村科技园区有关问题的批复》，原则同意关于加快建设中关村科技园区的意见和关于中关村科技园区的发展规划。同年 8 月，北京市新技术产业开发试验区更名为中关村科技园区。此时，园区企业已经达到 4525 家，总收入达到 407 亿元[①]。

---

① 北京市海淀区人民政府. 2021. 先行先试 中关村掀创业潮[EB/OL]. https://zyk.bjhd.gov.cn/ywdt/xwfbh/202108/t20210809_4478297_hd.shtml[2023-12-25].

2002 年 5 月德胜园诞生后被划入中关村科技园区，2003 年 7 月健翔园开园，中关村形成"一区七园"的格局。

四、"一区十园"阶段（2006～2012 年）

2006 年 1 月 17 日，经国务院批准，国家发展和改革委员会公告第五批通过审批的 20 家国家级开发区（2006 年第 3 号）。公告审核确定中关村科技园区规划用地总面积为 232.52 平方千米。随后，国土资源部公布了中关村科技园区的海淀园、丰台园、昌平园、电子城、亦庄园、德胜园、石景山园、雍和园、通州园、大兴生物医药产业基地等十园规划用地的四至范围。

2009 年 3 月，《国务院关于同意支持中关村科技园区建设国家自主创新示范区的批复》明确提出中关村示范区的新定位，目标是成为具有全球影响力的科技创新中心，并同意在中关村科技园区实施股权激励、科技金融改革创新等试点工作。中关村成为中国首个国家级自主创新示范区（中关村科技园区管理委员会，2018）。

五、"一区十六园"阶段（2012 年至今）

2012 年 10 月，国务院印发《关于同意调整中关村国家自主创新示范区空间规模和布局的批复》，原则同意对中关村科技园区空间规模和布局进行调整。调整后，中关村科技园区空间规模扩展为 488 平方千米，形成了包括海淀园、昌平园、顺义园、大兴-亦庄园、房山园、通州园、东城园、西城园、朝阳园、丰台园、石景山园、门头沟园、平谷园、怀柔园、密云园、延庆园等十六园的"一区十六园"发展格局。2019 年，大兴-亦庄园一分为二，变为大兴园和亦庄园，中关村科技园区空间规模仍为 488 平方千米。因数据获取渠道不同，下文中有时按"一区十六园"，有时按"一区十七园"进行分析。

2021 年 4 月 12 日，北京市科学技术委员会、中关村科技园区管理委员会发布公告称，按市委、市政府决策部署，北京市科学技术委员会与中关村

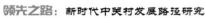

科技园区管理委员会合署办公，机构名称为"北京市科学技术委员会、中关村科技园区管理委员会"。

2021 年 9 月，国家主席习近平在 2021 中关村论坛开幕式发表视频致辞时指出，中国支持中关村开展新一轮先行先试改革，加快建设世界领先的科技园区，为促进全球科技创新交流合作作出新的贡献。中关村将再一次扬帆起航，进入先行先试改革发展的新阶段。未来，中关村的区位面貌将会以更加丰富多彩的姿态展示在世人眼前。

第二节　中关村科技园区各分园的区域发展

一、各分园的区域规模分析

中关村各分园在土地面积规模上存在显著差异。根据《北京统计年鉴2022》数据，中关村科技园区土地开发规划总面积 463.1 平方千米，有大到 174.3 平方千米的海淀园，有小到 1.9 平方千米的门头沟园（表 7-1）。中关村涉及具体地块 192 宗，其中 2 平方千米以下的有 135 宗，0.05 平方千米以下的有 30 宗。仅海淀园就包括了 65 宗具体地块，建筑面积 20 万平方米以下的园区有 41 个。

表 7-1　中关村科技园区各分园土地开发规模

园区名称	规划总面积/千米^2	规划占地具体情况
海淀园	174.3	规划占总园区的 1/3 以上
亦庄园	62.4	位于京津塘高速公路和城市五环路与六环路之间
昌平园	51.4	涉及 29 宗地块，包括昌平园中心区、未来科技城、生命科学园、国家工程技术创新基地等
通州园	34.3	包括通州光机电一体化产业基地、通州经济开发区东区和西区、金桥科技产业基地、永乐经济开发区、物流基地、宋庄文化创意产业集聚区、通州商务园等区域
朝阳园	26.1	包括电子城东区、西区、北区，健翔园，望京地区和堡头中心区等区域

园区名称	规划总面积/千米^2	规划占地具体情况
大兴园	20.3	包括大兴生物医药产业基地、国家新媒体产业基地、新能源汽车产业基地、军民结合产业基地等
房山园	15.7	包括北京石化新材料产业基地、北京高端制造业基地、北京良乡高新技术产业基地东和西、海聚工程产业基地等5个重点功能区域
石景山园	13.3	包括石景山园北一区、北二区和南区，以及西部拓展区、首钢改造区、银河商务区、永定河绿色发展带商务区、五里坨西部发展预留用地等区域
顺义园	12.1	包括顺义园航空产业园、空港创意产业园、北京北方新辉新兴产业基地、临空国际高新技术产业基地、实创高新技术产业园等9个区域
密云园	10.0	包括密云经济开发区A、B、C部分地块和生态商务区3个地块
西城园	10.0	包括德胜地区、北展地区和广安地区3个区域，涉及11个街道办事处
丰台园	8.2	包括东区、西区1、西区2、科技孵化一条街、扩区后的丽泽地块、永定河北区、永定河南区、二七车辆厂、二七机车厂、首钢二通产业园、应急救援地块等11个区块
怀柔园	7.1	以北京雁栖经济开发区主园区为核心，包括核心区西区、中区、南区以及北区1～4区共7块区域
东城园	6.0	在原中关村雍和园基础上调整建立的，涵盖雍和园、东二环地块
平谷园	5.1	包括北京马坊工业园区、北京兴谷经济开发区、峪口新能源产业基地、北京市平谷马坊物流基地园区共4个园区7块区域
延庆园	4.9	包括北京八达岭经济开发区、北京延庆经济开发区、康庄产业园等
门头沟园	1.9	位于门头沟区新城南部，前身为北京石龙经济开发区

资料来源：《北京统计年鉴2022》

二、各分园的经济规模特点

在总收入方面，各分园发展情况也差异较大。根据统计数据，2021年中关村科技园区有11个分园总收入超过1000亿元。其中，海淀园破1万亿（35 197.0亿元）；朝阳园（9429.5亿元）、亦庄园（9034.2亿元）、丰台园

（7310.2 亿元）、昌平园（5382.7 亿元）4 个分园超 5000 亿元；西城园（3834.1 亿元）、石景山园（3644.7 亿元）、东城园（3005.9 亿元）、大兴园（1942.5 亿元）、顺义园（1911.0 亿元）、通州园（1114.5 亿元）总收入超 1000 亿元。怀柔园（642.7 亿元）、房山园（614.5 亿元）总收入超 500 亿元。门头沟园（477.9 亿元）、密云园（428.9 亿元）、延庆园（222.3 亿元）、平谷园（212.8 亿元）总收入低于 500 亿元（表 7-2）。

在各分园中，海淀园、大兴园、亦庄园、昌平园，无论是总收入还是规划面积都处于前列；朝阳园、丰台园、西城园，虽然地块相对较小，但是收入较高；密云园、房山园、通州园等属于地块相对较大、收入较低的园区。

表 7-2　2021 年中关村科技园区各分园经济规模

排序	园区名称	经济规模/亿元
1	海淀园	35 197.0
2	朝阳园	9 429.5
3	亦庄园	9 034.2
4	丰台园	7 310.2
5	昌平园	5 382.7
6	西城园	3 834.1
7	石景山园	3 644.7
8	东城园	3 005.9
9	大兴园	1 942.5
10	顺义园	1 911.0
11	通州园	1 114.5
12	怀柔园	642.7
13	房山园	614.5
14	门头沟园	477.9
15	密云园	428.9
16	延庆园	222.3
17	平谷园	212.8

资料来源：《北京统计年鉴 2022》

三、按照城市总规划分各类园区规模特点

按照《北京城市总体规划（2016年—2035年）》对北京"一核一主一副、两轴多点一区"的城市空间布局，我们相应将中关村科技园区各分园划分为城六区园区（海淀园、朝阳园、西城园、东城园、丰台园和石景山园）；副中心及平原地区新城园区（昌平园、大兴园、亦庄园、通州园、房山园、顺义园）；生态涵养区园区（怀柔园、门头沟园、密云园、平谷园、延庆园）。

从城六区园区、副中心及平原地区新城园区，到生态涵养区园区，各类园区整体呈现出收入规模从大到小的趋势。2021年，城六区园区总收入达到6.2万亿元，副中心及平原地区新城园区总收入达到2.0万亿元，生态涵养区园区总收入为0.2万亿元。随着从城六区园区到生态涵养区的地域延展，各分园的产业经济规模由大到小快速变化，业态布局也从中央商务区的总部经济、现代服务业、科技金融、文化创意等，向新一代信息技术、生物医药、新材料等高科技产业，再到先进制造、绿色节能环保、交通能源等业态形式转变。

四、按照方位划分各区域产业分布特点

根据各分园所处方位以及大致产业关联情况，我们对中关村科技园区各分园进行了东、南、西、北四个大区域的划分。

北部园区：包括海淀园、昌平园、怀柔园、顺义园、平谷园、密云园、延庆园7个分园，涵盖了"三城一区"中的"三城"，是北京高科技研发的主要区域。以海淀园为核心，高科技研发链条由南向北逐步扩散。北部园区以海淀园中的原始创新与自主创新科研力量为动力和引擎，带动整个北部产业带，重点开展新一代信息技术、生物医药、新能源新材料等领域的科技研发与产业创新活动。

东部园区：包括东城园、西城园、朝阳园3个园区，处于北京的核心区域，重点发展总部经济、电子商务、科技金融、文化创意等具有明显中央商

务区（CBD）特色的产业类型。朝阳园在 3 个园区中经济体量相对较大，以CBD 和望京等区域为核心发展板块。

南部园区：具体包含亦庄园、丰台园、通州园、大兴园、房山园 5 个园区，涵盖了"三城一区"中的"一区"，是北京高科技成果转化承载区，以先进制造业发展见长。南部园区以亦庄园为代表，重点发展电子信息与集成电路、生物医药与医疗服务、汽车与轨道交通、装备制造、航空航天、种业等科技型产业。

西部园区：包括石景山园和门头沟园 2 个园区。近年来，石景山园在文化创意、现代金融及科技服务等产业，特别是在文创与数字科技领域，发展成效显著。服务 2022 年北京冬季奥运会并借势转型，字节跳动、蓝港在线等企业快速成长。门头沟园在产业布局方面专注于互联网、智能制造、医药健康、节能环保等领域。

各区域分园的具体地域组成和产业发展特点参看表 7-4。

表 7-4 中关村科技园区各分园的方位区域与产业特点

大片区分布	园区名称	产业特点
北部园区	海淀园	立足原始创新和自主创新，产业发展战略重点为云计算、移动互联网和下一代互联网、空间与地理信息、集成电路设计、生物医药、新能源新材料、节能环保、文化与科技融合等
	昌平园	拥有医药健康、节能环保、先进制造、新材料、电子信息等支柱产业
	顺义园	聚焦发展智能新能源汽车、第三代半导体、航空航天等创新型产业集群，积极培育生物医药大健康、新一代信息技术等战略性新兴产业
	怀柔园	重点发展以特色新材料为主的纳米科技产业、以专业技术研发为重点的科技服务业、以云计算和物联网为重点的数字信息产业
	密云园	重点发展商用机器人、新医药等产业
	延庆园	努力推动绿色产业发展
	平谷园	以通用航空、高端食品与健康、现代物流和电子商务、休闲健康等为主导产业
东部园区	朝阳园	重点发展数字经济产业等
	西城园	以现代服务业为主体，以设计研发、内容创意、科技金融、智慧城市为特色，形成以信息技术为支撑的产业发展格局
	东城园	重点发展文化相关产业、总部经济、现代服务业、体育产业、创意产业等

续表

大片区分布	园区名称	产业特点
南部园区	亦庄园	拥有电子信息、生物医药、汽车制造、装备制造等主导产业；新能源新材料、军民结合、文化创意三大新兴产业；生产性服务业、科技创新服务业、都市产业三大支撑产业
	丰台园	拥有轨道交通和航空航天两大千亿级产业集群，以及新一代信息技术信息、新材料、生物医药、智能制造等百亿级产业集群
	通州园	重点发展集成电路、环保产业、种业、医疗服务等产业
	大兴园	重点发展生物医药、新媒体、新能源汽车、总部经济、高端研发等产业
	房山园	重点发展现代交通产业、新材料产业；积极培育医药健康产业和智能装备产业；同时，大力发展包括科技金融、信息通信、文化创意等高端服务业
西部园区	石景山园	重点发展文化创意、现代金融及科技服务等新兴高端产业
	门头沟园	与中关村核心区紧密融合，明确了互联网、智能制造、医药健康、节能环保等产业发展方向

第三节　中关村科技园区各分园的科技资源与产业发展

根据《北京统计年鉴 2022》公布的中关村各园区 2021 年总收入，我们将园区划分为年收入万亿级、5000 亿至 10 000 亿、1000 亿至 5000 亿、1000亿以下四类。

一、年收入万亿级园区

海淀园规划土地面积 174.3 平方千米，占总园区的 1/3 以上。2021 年园区总收入超 3.5 万亿元，占中关村所有园区总收入的 41.7%。园区拥有北京大学、清华大学等著名学府及中国科学院等科研机构资源，拥有联想、百度等国家高新技术企业。在中关村大街附近区域，中国的高新技术产业在这里生根发芽，被称为中国的"硅谷"。这里积聚着搜狐、字节跳动、爱奇艺、优酷等公司。后厂村和上地区域是继中关村之后快速崛起的一片互联网科技公司集聚地，驻扎了百度、新浪、腾讯、网易、小米、快手等互联网头部企业。

在海淀园的发展基础上推进中关村科学城建设。中关村科学城的主体区域为中关村海淀园，并延伸至海淀全区。截至 2021 年底，上市公司总数已达 256 家，其中境内上市公司 169 家，占全市（427 家）的 40%，占全国（4747 家）的 3.6%；境外上市公司 87 家。上市公司总数连续多年位居全国地级市（区）首位，境内上市公司数量位列全国省级市前十；独角兽企业 50 家[1]。以北京智源人工智能研究院、北京量子信息科学研究院、北京微芯区块链与边缘计算研究院为代表的新型研发机构体制机制灵活。现代高精尖产业体系涵盖大信息产业、大健康产业、科技服务业、先进制造业等。区域内有字节跳动、小米、百度等千亿级企业，新兴领军企业寒武纪、旷视等快速突起，微软等国际企业在这里设立研发中心。

二、年收入 5000 亿至 10 000 亿园区

（一）朝阳园

朝阳园包括电子城东区、西区、北区，健翔园，望京地区和垡头中心区等区域。总体定位为数字经济核心区，努力带动全区数字经济重点产业集聚发展。朝阳园按照"聚焦重点、突出特色，产城融合、全域联动"的数字经济新格局，围绕"酒仙桥—望京—东湖—来广营—大屯—奥运—健翔"沿线数字经济创新走廊布局，对朝阳园"一园六区"区域定位进行统筹谋划。朝阳园集聚了阿里、美团、58 同城、360 等多家头部互联网平台企业，积极打造"互联网+"产业集聚区。在人工智能产业方面，朝阳园 490 余家企业涵盖基础层、技术层和应用层等产业链全环节。截至 2022 年 9 月，朝阳园工业互联网企业超过 600 家，人工智能企业达 490 余家，数字安全企业超过 120 家[2]。望

---

① 京津冀消息通. 2022. 协同互动建设"三城一区"主平台[EB/OL]. https://it.sohu.com/a/562828590_121106842[2023-12-25].

② 京报网. 2022. 中关村朝阳园亮出数字经济产业发展"成绩单"[EB/OL]. https://news.bjd.com.cn/2022/09/04/10146444.shtml[2023-12-25].

京地区汇聚着美团、陌陌、雪球、百合网等一批互联网科技公司，成为北京一处重要的科技互联网公司创业地。

（二）亦庄园

亦庄园位于京津塘高速公路和城市五环路与六环路之间，拥有"八横八纵"的路网格局、连接各重要经济区域和交通枢纽的畅通道路以及各种交通方式。亦庄园已形成电子信息、生物医药、汽车制造、装备制造四大主导产业；新能源新材料、军民结合、文化创意三大新兴产业；生产性服务业、科技创新服务业、都市产业三大支撑产业。

（三）丰台园

丰台园由东区、西区 1、西区 2、科技孵化一条街和扩区后的丽泽地块、永定河北区、永定河南区、二七车辆厂、二七机车厂、首钢二通产业园、应急救援地块共 11 个区块组成。2021 年，园区总收入 7310.2 亿元。丰台园是中关村最早的"一区三园"之一。形成"2+4"产业格局，2 即轨道交通和航空航天两大千亿级产业集群，4 即新一代信息技术信息、新材料、生物医药、智能制造四大百亿级产业集群。截至 2022 年底，丰台园中的高新技术企业数量超过 1300 家[①]。

轨道交通作为园区的支柱优势产业，2020 年总收入达到 2364.9 亿元，年均增速 11.0%，收入规模从 2015 年开始连续 6 年突破 1000 亿元[②]，在全国各大轨道交通产业基地中遥遥领先。中国通号、中铁工业、中国中铁和交控科技等 180 余家轨道交通企业涵盖了从科技研发、规划设计、工程建设、装备制造到运营维护的全产业链条。

航空航天产业聚集重点企业近百家，军工科研资源高度聚集，卫星通信

---

① 北京市丰台区人民政府. 2023. 我区高新技术企业数量突破 2000 家[EB/OL]. http://www.bjft. gov.cn/ftq/zwyw/202304/effc59c99db24087a702adbd6430a8be.shtml[2023-12-25].

② 北京市人民政府. 2022. 北京市丰台区人民政府关于印发《"十四五"时期中关村科技园区丰台园发展建设规划》的通知[EB/OL]. https://www.beijing.gov.cn/gongkai/guihua/wngh/qjghgy/202202/t20220223_2615235.html[2023-12-25].

以及北斗导航等领域技术实力雄厚，2020 年总收入超 1000 亿元。

（四）昌平园

昌平园规划土地面积 51.4 平方千米，面积位列中关村科技园区各分园第二，包括昌平园中心区、未来科技城、生命科学园、国家工程技术创新基地等，涵盖医药健康、节能环保、先进制造等主导产业。

未来科技城研发涉及新能源、新材料、节能环保、新一代信息技术等战略性新兴产业的重点领域。已确定国家电网有限公司、中国石油天然气集团有限公司、中国石油化工集团有限公司、中国海洋石油集团有限公司、国家能源投资集团有限责任公司、中国华能集团有限公司等中央企业入驻园区，拟投资建设研究院、研发中心、技术创新基地和人才创新创业基地。

生命科学园的定位是打造国际一流的生物技术园区。园区内有北京生命科学研究所、北京市药品检验所、北京大学国际医院、生物芯片北京国家工程研究中心、蛋白质药物国家工程研究中心，以及美国健赞公司、瑞士先正达公司、丹麦诺和诺德公司等的研发中心和重大项目，产业领域和链条涉及生命科学研究、企业孵化、中试与生产、成果评价鉴定、项目展示发布、风险投资、国际交流、人员培训等。

国家工程技术创新基地旨在打造以新材料、新能源、重大装备等高新技术为支撑的国家级工程技术研发基地、科技成果孵化基地和高新技术产业化基地。2018 年，该基地被正式纳入未来科学城西区规划范围，成为工程技术创新园组团的一部分。园区内有中国石油科技创新基地、中国移动国际信息港、国家材料服役安全科学中心、北京信息科技大学新校区、昌发展奇点中心等众多实力雄厚的科研机构、高校、科技园区。

三、年收入 1000 亿至 5000 亿园区

（一）西城园

西城园包括德胜地区、北展地区和广安地区 3 个区域，涉及 11 个街道

办事处。拥有中国工程院、中国航空规划设计研究总院有限公司、北京有色金属研究总院、北京建筑大学等 60 余家科研院所及高校，100 多个国家级、市级重点实验室和工程技术研究中心。园区有 120 余家年收入 1 亿元以上的重点企业、80 余家上市和挂牌企业。北京梅泰诺通信技术股份有限公司、北京奇虎科技有限公司、有研稀土新材料股份有限公司、洛可可国际品牌策划（北京）有限公司等一批成长性好、品质高的行业领军企业在园区发展壮大。西城区的"北京设计"特色品质和品牌内涵显著，是北京"设计之都"核心区。诞生于西城园的中国设计最高奖——"红星奖"，是全球参赛作品最多、参与国家和地区广泛的国际性重要大奖，已成为设计产业国际化、高端化发展的重要平台。

（二）石景山园

石景山园位于石景山区中部，分为北一区、北二区和南区 3 个区域。后来增加西部拓展区、首钢改造区、银河商务区、永定河绿色发展带商务区、五里坨西部发展预留用地等 17 个区域。园区以科技和文化融合发展的数字娱乐产业为特色，国家数字媒体技术产业化基地、国家网络游戏动漫产业发展基地、中国电子竞技运动发展中心、国家动画产业基地等先后落户石景山园。趣游科技集团有限公司、华录文化产业有限公司等企业加盟入驻。未来，园区将重点发展元宇宙、科幻、工业互联网、人工智能等特色产业。

（三）东城园

东城园主要涉及雍和园和东二环地块。形成了文化艺术、新闻出版、艺术品交易、旅游休闲、广告会展、数字版权、移动互联网等 7 个文化科技融合领域的聚集区。拥有以北京光线传媒股份有限公司为代表的影视传媒板块，以中文在线集团股份有限公司为代表的数字出版板块，以北京保利国际拍卖有限公司、中国嘉德国际拍卖有限公司为代表的艺术品交易板块，以北京歌华文化发展集团有限公司、保利文化集团股份有限公司为代表的文化演艺板块等 4 个特色板块。

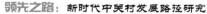

（四）大兴园

大兴园正在大力建设大兴生物医药产业基地、中日创新合作示范区、国家新媒体产业基地、大兴国际氢能示范区等板块。其中，大兴生物医药产业基地拥有"北京国家生物产业基地""国家新型工业化产业示范基地"等系列荣誉称号，承担着科技创新、成果转化、产业发展、健康服务等任务。国家新媒体产业基地是以新媒体产业为主的专业集聚区。

（五）顺义园

顺义园包括顺义区航空产业园、空港创意产业园、北京北方新辉新兴产业基地、临空国际高新技术产业基地、实创高新技术产业园等9个区域。园区高端制造产业基础雄厚，拥有第三代半导体材料及应用联合创新基地、智能新能源汽车生态产业示范区、北京汽车产业研发基地、北京市高端数控机床产业创新基地、中关村医学工程健康产业化基地、中传文创研发产业基地、北京航空高科技创业孵化与中试服务基地等科研创新基地等。国家半导体照明工程研发与产业联盟、第三代半导体产业技术创新战略联盟、荷兰代尔夫特理工大学中国研究院落户园区。

（六）通州园

通州园主要包括通州光机电一体化产业基地、通州经济开发区东区和西区、金桥科技产业基地、永乐经济开发区、物流基地、宋庄文化创意产业集聚区、通州商务园等区域。

四、年收入 1000 亿以下园区

（一）怀柔园

怀柔园以北京雁栖经济开发区主园区为核心，包括核心区西区、中区、南区以及北区1~4区共7块区域。西、中、南区面积6.6平方千米，北区面积0.5平方千米，分属中国科学院大学校区及创新基地用地。近几年，北京雁栖经济开发区积极推进产业结构调整，大力发展高新技术产业，在做优做强都市产业的同时，着力打造科技服务产业园、纳米科技产业园、数字信息产业园。入区企业来自美国、英国、法国、意大利、德国、瑞士、日本、韩国等 17 个国家，包括中科合成油工程有限公司、有研粉末新材料股份有限公司、玛氏食品（中国）有限公司等一大批知名企业。

（二）房山园

房山园由北京石化新材料产业基地、北京高端制造业基地、北京良乡高新技术产业基地东区和西区、海聚工程产业基地 5 个重点功能区域共 21 个地块组成。其中，北京石化新材料产业基地是北京市和中石化进行战略合作的重要载体。北京高端制造业基地有长安汽车、京西重工、中国北车、国家能源、金朋达无人机等项目入驻。房山园正在加强与大学城协同联动，依托高端制造业基地、新材料基地等功能区，构建从大学城到园区的"研发—孵化—产业化"生态体系，增强产业承载能力、协同创新引领能力、新型人才培育能力，实现高质量发展。

（三）门头沟园

门头沟园地处长安街东西发展轴与西山永定河文化带的交汇节点，是长安街边上唯一的中关村产业园，是京西产业转型升级示范区的重点园区，以"科创智能、医药健康、文旅体验"为主导产业方向。门头沟园前身为北京石龙经济开发区，始建于 1992 年 1 月，位于门头沟区新城南部。园区已建国家级众创空间 1 个、中关村创新型孵化器 4 个、中关村硬科技孵化器 1 个。已形成以京西创客工场、洪源广业智造工坊、华悦大厦为载体的互联网、智能制造产业集群，以德山 M-Lab 为载体的医药研发产业集群，以及以利德衡绿创空间为载体的节能环保产业集群。

（四）密云园

密云园包括密云经济开发区 A、B、C 部分地块和生态商务区 3 个地块。

历年来被教育部、科技部、农业部和北京市政府相继批准建立"中国高校科技产业基地""国家火炬计划北京绿水高新技术产业基地""北京高新技术成果孵化基地""北京数字信息产业基地"。2007年，成为中关村高新技术产业共建基地。园区企业科技创新能力实现稳步提升。智能管家公司的"布丁豆豆机器人"囊括德国红点设计奖、日本优良设计奖（G-Mark）、美国工业设计优秀奖（IDEA）三项国际奖项，商用机器人获得德国 iF 设计奖。

（五）延庆园

延庆园包括北京八达岭经济开发区、北京延庆经济开发区、康庄产业园等，初步形成了"一园多基地"的空间布局。延庆园位于延庆区域内，与河北省交界，毗邻京包铁路、京藏高速等多条重要交通干道，是北京市辐射西北地区的重要通道。延庆园空间资源较为丰富，且多数土地集中连片、开阔平坦，有利于高端产业资源的聚集发展。园区基础设施完备，生态环境优美，配套服务设施齐全。目前，园区内有多家涉及生物医药、食品加工、能源等领域的企业。

（六）平谷园

平谷园包括北京马坊工业园区、北京兴谷经济开发区、峪口新能源产业基地、北京市平谷区马坊物流基地园区共 4 个园区 7 块区域。平谷园立足区域功能定位，秉承"一产做精、二产做强、三产做优"的工作思路，依托中关村科研成果转化基地、首都通用航空产业基地、京东大健康产业基地、特色生态型总部基地建设，努力推动通用航空、高端食品与健康、现代物流和电子商务、休闲健康等产业发展。

第八章

科技园区评价指标体系构建

第一节　研究背景与意义

　　近年来，世界范围内越来越多的国家和地区开始支持建设科技园区，并将其作为促进区域经济高质量发展的重要举措。科技园区作为一种集聚创新资源、提升科技创新能力的载体，对推动区域产业转型升级、促进区域经济增长和实现可持续发展具有重要意义。中关村科技园区作为我国创新发展的一面旗帜和世界知名的科技园区，集聚了众多高校、科研机构、创新企业和创新人才，是北京国际科技创新中心建设的主阵地，对推动国际科技创新中心建设和建设世界科技强国具有重要的引领和示范作用。通过开展纵向自身评价和横向对标世界主要领先科技园区比较评价，了解掌握中关村科技园区创新发展成效与趋势，比较分析世界主要领先科技园区各自优劣势所在，在当前中关村建设世界领先科技园区这一背景下具有重要的研究和现实意义。

　　首先，科技园区在全球经济发展中扮演着重要角色。随着科技进步的加速和经济全球化的深入发展，科技园区成为各国和地区争相布局的战略性产业集聚区。通过引入高新技术和创新企业，科技园区可以推动技术创新和产业升级，带动相关产业链的发展，提高经济竞争力。因此，通过科技园区评价分析，可以帮助人们了解和掌握中关村科技园区及世界各国和地区建设的科技园区的发展情况，有助于我们借鉴国际先进经验，进一步提升国内科技园区的建设水平。

其次，开展科技园区评价研究有助于发现和分析科技园区的优势和不足。各国和地区在建设科技园区时，所面临的政策环境、资源配套、产业布局等因素存在差异。通过比较评价，可以了解各个国家和地区科技园区的特点，发现其所具备的优势和创新亮点，从而为国内科技园区的建设和发展提供借鉴和参考。同时，也可以发现各个科技园区存在的问题和不足之处，进一步改进和完善国内科技园区的发展模式和管理机制。

再次，开展科技园区评价研究有助于推动国际合作与交流。在全球化的背景下，科技园区之间可以进行经验交流和合作，促进技术创新和产业发展。通过比较评价研究，可以找到适合自身发展的合作伙伴，并加强双方在科技创新、人才培养、科技成果转化等方面的合作。这种合作和交流有助于加速科技园区建设和发展，提升国内科技园区在全球科技创新中的地位和影响力。

最后，开展科技园区评价研究对促进北京科技创新和高质量发展具有重要意义。当前，我国正处于转型升级的关键时期，科技创新被视为推动产业结构优化升级、提高经济增长质量的重要引擎。通过开展科技园区评价研究，可以了解全球科技创新的最新趋势和发展模式，为国际科技创新中心建设制定科技园区创新政策和发展战略提供参考。同时，也可以发现中关村科技园区建设中存在的问题和短板，推动科技园区的改革和创新，实现高质量发展。

综上所述，随着世界各国和地区对科技园区建设的重视程度不断提升，在建设世界科技强国和北京建设国际科技创新中心这一大背景下，开展中关村科技园区自身评价和世界领先科技园区比较评价研究具有重要的意义。这不仅有助于借鉴和吸收国际先进经验，发现科技园区的优势和不足，推动中关村和国内其他科技园区走向世界领先水平，还对推动我国科技创新和高质量发展具有积极意义。

第二节　国内外主要科技园区评价指标体系

根据联合国教育、科学及文化组织数据（UNESCO，2018），全球科技园区已超过500家。鉴于世界范围内的科技园区各具特色，如何用一套统一的评价指标体系对各科技园区的发展绩效进行科学、客观的衡量，一直是学术界的难点。

在实证研究方面，一些政府部门、第三方机构从单个科技园区评价和多个园区比较评价两个角度对科技园区创新发展开展了一系列实证分析。国内外较为知名的研究主要有硅谷指数、中关村指数、中关村全球科技园区创新发展指数、国家高新区创新能力评价指标体系（表8-1）。本节将从单一科技园区评价和多个科技园区比较评价两个层面，分别对这些科技园区评价研究的特点进行梳理总结。

表 8-1　国内外主要科技园区评价指标体系

名称	发布机构	发布时间及频率	指标体系	优势	不足
硅谷指数	硅谷联合投资、硅谷社区基金会	1995 年首次发布；每年发布 1 次	该指数 2022 年指标体系包含三级指标。其中，一级指标包括人口、经济、社会、生活空间、治理 5 个，二级指标有 10 余个，二级和三级指标会根据每年实际情况进行更新与调整	评价指标体系较为全面，参考借鉴价值较大	为单一科技园评价，评价范围具有一定的局限性
中关村指数	北京市社会科学院、中关村创新发展研究院、北京方迪经济发展研究院	2005 年首次发布。2012年，改版后的中关村指数再次正式对外发布。每年发布 1 次	该指数 2022 年指标体系包含三级指标。其中，一级指标包括创新引领、双创生态、高质量发展、开放协同、宜居宜业 5 个，二级指标有 11 个，三级指标有 35 个	指标体系全面，数据易获取；指标体系可用来考察各个分园的发展绩效；指数评价结果权威性较强	为单一科技园评价；指标对国际其他科技园区的适用性较低；与其他科技园区的创新指数进行比较存在一定的局限性

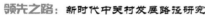
续表

名称	发布机构	发布时间及频率	指标体系	优势	不足
中关村全球科技园区创新发展指数	中关村创新发展研究院	2020年首次发布，每年发布1次	该指数2021年指标体系包含二级指标。一级指标包括创新、产业、环境3个，二级指标有10个	指标体系系统性较强，涵盖了科技园区的创新、产业、环境三个维度；数据获取渠道多	来自第三方机构的数据存在替代数据
国家高新区创新能力评价指标体系	科技部火炬中心、中国科学院科技战略咨询研究院	2013年首次发布。每年发布1次	该指数2022年指标体系包含二级指标。其中，一级指标包括创新资源聚集、创新创业环境、创新活动绩效、创新的国际化和创新驱动发展5个，二级指标有25个	指标体系涵盖多个维度和多个指标；数据可获得性强；数据国内横向可比性较强；研究结论较为客观和权威	指数所用指标与国际科技园区指标难以进行横向比较分析

一、单一科技园区评价指标体系

（一）硅谷指数

硅谷指数（Silicon Valley index）是一种衡量科技创新和创业生态系统发展的指标体系，主要用于评估硅谷地区（即美国加利福尼亚州旧金山湾区）的科技产业和创新能力。

1. 基本情况

20世纪90年代末期，随着互联网的迅猛发展，美国加利福尼亚州的硅谷地区成为全球科技创新的中心，吸引了大量的高科技企业和创业公司。为了更好地了解硅谷地区的科技生态系统，硅谷联合投资（Joint Venture Silicon Valley）于1995年开始探索开发一种评估硅谷创新能力的指标体系，并编制形成综合性区域发展评价报告，即硅谷指数。后来，硅谷联合投资与硅谷社区基金会（Silicon Valley Community Foundation）及其他机构对硅谷指数开展联合制定并按年度进行公开发布，这已经成为指导政府管理部门规划、政策制定和决策的重要参考，并且是硅谷风险投资走向、企业发展与新兴产业培育的重要风向标。

2. 指标体系

硅谷指数的评价指标体系主要分为三级。其中，一级指标 5 个，包括人口、经济、社会、生活空间、治理；二级指标 10 余个，包括人口结构、就业、创新、卫生健康、生态环境、交通等。硅谷指数指标体系除一级指标相对固定外，二级及三级指标会根据每年实际情况进行更新与调整。

5 个一级指标重点评估内容：人口指标主要评估人才流动和多元化水平；经济指标主要评估就业、收入与财富、创新创业、商业空间等经济创新发展环境；社会指标主要评估早期教育与保育、艺术与文化、健康质量、安全及慈善事业等社会发展环境；生活空间指标主要评估住房、运输、土地利用、环境等；治理指标主要评估地方政府管理、公民参与、代表性等政府治理环境。

3. 优势和不足

硅谷指数具有以下优势：一是评价指标体系较为全面。硅谷指数考虑了多个方面的指标，能够较全面地评估一个地区的科技创新能力；二是参考借鉴价值较大。硅谷作为全球科技创新的代表，其指数对于其他地区的科技创新发展具有一定的借鉴和参考价值。

硅谷指数的不足之处主要在于，该指标体系仅针对硅谷地区进行评价，且设置指标较多，评价范围具有一定的局限性。

（二）中关村指数

1. 基本情况

为了综合描述北京市高新技术产业发展状况，总体评价北京市高新技术产业发展水平，2005 年，北京市统计局首次向社会公开发布了中关村指数。自 2008 年起，受中关村科技园区管理委员会委托，北京市社会科学院、中关村创新发展研究院、北京方迪经济发展研究院对中关村指数进行了重新研究与编制，对指标体系进行了进一步的完善，并首次对中关村指数进行合成，

以监测中关村批复以来创新发展的总体走势。改版后的中关村指数于 2012年正式对外发布。同时，中关村指数通常会进行定期更新和调整，以保持与时俱进。

2. 指标体系

中关村指数在指标体系研究编制方面借鉴了硅谷指数的编制思路和方法，同时也结合中关村创新发展的实际情况，形成了具备自身特色的指标体系。2022 年，中关村指数指标体系主要包含创新引领、双创生态、高质量发展、开放协同、宜居宜业 5 个一级指标，11 个二级指标，35 个三级指标。指数以 2013 年为基期，基期为 100，进行测算合成，直观有效地刻画中关村创新发展的新动态、新特点、新趋势。

3. 优势及不足

中关村指数的优势：一是指标体系设计简单，选取的指标全面，且指标数量合理，数据也容易获取；二是指数指标体系设置也突出了集约型发展和竞争力思想，能够考察各个园区的高新技术产业的整体进展；三是指数的研究通常由一些具有丰富经验和学术背景的机构和学者进行，其评价结果较为客观和权威。

中关村指数的不足之处在于：一是主要适用于对中关村地区的评价，指标数据很多为中关村科技园区专项调查数据，对其他科技园区的适用性较低；二是中关村指数与其他科技园区的创新指数进行比较时，受到数据质量和指标体系的差异影响，可比性存在一定的局限性。

二、多个科技园区比较评价指标体系

（一）中关村全球科技园区创新发展指数

1. 基本情况

为把握科技园区发展的内在规律和未来走势，在北京市科学技术委员会、中关村科技园区管理委员会的大力支持和指导下，中关村创新发展研究院自 2020 年启动研究《中关村全球科技园区创新发展指数》报告，编制形成"中关村全球科技园区创新发展指数指标体系"，并对美国硅谷、德国阿德勒斯霍夫科技园、瑞典西斯塔科学城、英国剑桥科技园、俄罗斯莫斯科国立大学科技园、日本筑波科学城、韩国大德研究开发特区、新加坡科技园、印度班加罗尔软件园、中国中关村科技园等 20 余家代表性科技园区进行比较分析，旨在基于定量与定性分析系统刻画全球科技园区发展成效，跟踪全球科技园区发展动态，展示全球科技园区发展趋势。

2. 指标体系

报告从科技园区核心功能出发，编制形成的"中关村全球科技园区创新发展指数指标体系"，以科技园区促进科技创新成果转化和产业化的本质功能为导向，从"科、产、城"即创新、产业、环境 3 个维度设置 10 个具体分析指标，通过分析形成了对全球科技园区创新发展情况的索引。

创新一级指标设置重点关注创新资源和创新产出两个方面。其中，创新资源选取"企业研发投入""全球顶尖科学家""世界一流大学和科研机构" 3 个具体指标，测度人才、资本、平台等各类创新要素的富集程度和层级水平。创新产出包括重大发明、论文、专利、商业秘密等多种形式，选择更贴近技术创新且具有国际可比性的 PCT 作为测度指标。

产业一级指标设置重点关注科技型企业和产业集群。其中，科技型企业选取"企业数量"具体指标体现科技园区对企业的集聚度和承载力。"全球领军型科技企业"具体指标主要体现科技园区对全球产业发展的引领作用以及在全球市场的影响力。"企业营收"指标主要表征科技园区促进产业集群化发展的集聚效应和规模实力。

环境一级指标设置重点关注科技园区所在地的专业服务、营商环境和生活环境三个方面。其中，专业服务选取"风险投资机构"作为测度指标。采用得到国际广泛认可的世界银行营商环境便利度分数和美世咨询的城市生活质量排名两个综合指标，分别反映科技园区所在地的宜业性和宜居性。

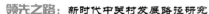

3. 优势与不足

该指标体系的优势：一是指标体系系统性较强。指标体系是根据对世界领先科技园区的深入理解，涵盖了科技园区的创新、产业、环境 3 个维度；二是数据可得性较强。指标数据采集渠道广泛多样，既包括各科技园区官方网站数据，也包括国际科技园及创新区域协会等一些国际机构和国际组织的公开出版物，还有部分指标数据是根据 CB Insights 等第三方机构发布的权威榜单信息整理的。

该指标体系不足之处在于：由于国际上大部分科技园区非正常行政区划，除科技园区官方发布的数据或国际科技园及创新区域协会等国际组织发布的数据外，来自第三方机构的数据存在数据不准确的问题，导致部分指标数据是使用该科技园区所在地区或城市数据进行替代的。

（二）国家高新区创新能力评价指标体系

1. 基本情况

为了全面考察评价国家级高新区创新能力，自 2013 年开始，科技部火炬中心联合中国高新区研究中心（中国科学院科技战略咨询研究院）共同研究制定了"国家高新区创新能力评价指标体系"，并据此持续开展评价并按年度发布相应的评价报告，通过评估全部国家高新区的创新能力和发展潜力，为政府和企业提供参考，促进高新技术产业的健康发展。

2. 指标体系

"国家高新区创新能力评价指标体系"从创新资源聚集、创新创业环境、创新活动绩效、创新的国际化和创新驱动发展 5 个一级指标，用 25 个二级指标揭示国家高新区的创新能力建设和创新发展绩效，对国家高新区创新发展状态进行跟踪评价，为社会各界了解和认识国家高新区发展提供窗口，为相关部门的决策和管理提供依据。

3. 优势和不足

国家高新区创新能力评价指标体系和方法具有以下优势：一是评价指标

体系全面，指标体系涵盖多个维度和多个指标，能够全面评价国家高新区的科技创新能力，从不同角度展现其优势和特点。二是数据可获得性强。科技部和国家统计局联合制定了"国家高新区和高新技术企业统计调查制度"，各个国家高新区及相关企业主要指标数据汇总形成了《中国火炬统计年鉴》，数据获得性较强，且统计口径和范围一致，数据横向可比性较强。三是研究结论较为客观和权威。该评价指标体系及分析研究是由国家高新区管理部门与国内权威学术科研机构合作研究编制的，评价指标体系设置、研究分析方法和研究结论较为客观和权威。

该指标体系主要不足之处在于：该指标体系内所选指标数据多为科技统计部门对国家高新区进行的专项统计调查数据，与国际科技园区数据接轨能力差，在将该指标体系用于其他国家和地区科技园区进行评价时难度较大。

三、评价指标体系的主要特点

综上所述，目前科技园区评价指标体系主要呈现以下几个特点。

一是对单一科技园区开展评价的指标体系编制相对比较全面，涵盖的维度较多，主要是因为针对科技园区的统计调查数据较易获取，所以指标体系遴选的具体指标数量也较多，如硅谷指数。

二是数据获取难仍是开展多个科技园区比较评价分析的主要障碍。除国家高新区创新能力评价指标体系因为国内制定有统一的国家高新区统计调查制度，可获取的指数数据相对比较完善外，开展多个科技园区比较评价仍受限于各个科技园区指标数据各具特色，不同科技园区指标数据可比性差以及可获数据指标少等因素影响。虽然中关村全球科技园区创新发展指数探索性地对全球主要科技园区开展了比较评价，但由于指标数据获取渠道复杂，指标数据可获得性仍不高。

三是来自第三方机构的数据有待进一步细化至科技园区层面。第三方机构区域数据的提取主要以各国和地区行政区划为依据，而世界范围内很多科技园区地理边界划分与所在区域的行政区划无直接关系，因此在第三方机构数据库中难以将指标数据具体到科技园区层面，只能通过用科技园区所在城市或地区的数据进行替代，会直接影响比较评价结论的客观性和科学性。

第三节 中关村科技园区与世界领先科技园区评价指标体系构建

中关村科技园区是我国科技创新的优秀代表，其在我国高科技产业发展和国际竞争力提升方面具有重要的地位和作用。开展中关村科技园评价研究对于了解园区发展状态、提升竞争力具有重要意义。

本节将结合国内外主要科技园区评价指标体系，从纵向比较和横向比较两个角度出发，构建相关的科技园区评价指标体系。一是纵向比较，将在《"十四五"时期中关村国家自主创新示范区发展建设规划》制定的"中关村示范区'十四五'时期发展指标体系"基础上，构建中关村科技园区评价指标体系，分析历年来中关村科技园区的发展趋势，总结其发展态势。二是横向比较，将在借鉴前人研究经验的基础上，选取世界领先科技园区作为对比对象，构建世界领先科技园区评价指标体系，比较分析中关村科技园区与其他世界领先科技园区，揭示中关村科技园区的优势和劣势。通过纵向评价与横向评价相结合，可以有助于我们更全面地了解中关村科技园区的创新发展趋势和方向，为下一步政策制定提供科学依据和数据参考。

一、中关村科技园区评价指标体系

2021年10月，中关村科技园区管理委员会印发了《"十四五"时期中关村国家自主创新示范区发展建设规划》，这使得"十四五"时期中关村科技园区发展有了明确"路线图"和"工期表"，并从创新能力、产业发展、创新创业生态、开放协同 4 个维度构建了由 15 个核心指标组成的"中关村示范区'十四五'时期发展指标体系"。

尽管"中关村示范区'十四五'时期发展指标体系"的评价维度与中关村指数、硅谷指数等单一科技园区评价指标体系有所差异，但其瞄准中关村科技园区 2025 年要达到自主创新能力实现显著提升、高精尖产业占据全球中高端、创新创业生态达到国际一流、国际创新合作迈上新的台阶等 4 个发展目标来构建指标体系，针对性强，与中关村指数、硅谷指数相比更加聚焦。

为了更加准确、全面地了解中关村科技园区近年来主要创新发展成效和趋势，本节以"中关村示范区'十四五'时期发展指标体系"为基础，按照数据可获得性的原则，遴选其中 14 个指标组成"中关村科技园区评价指标体系"（表 8-2）。

表 8-2　中关村科技园区评价指标体系

序号	类别	指标	资料来源
1		研究与开发经费支出占增加值比重(%)	《北京统计年鉴》
2	创新能力	每万名从业人员发明专利拥有量（件）	《中关村国家自主创新示范区发展数据手册》
3		每万名从业人员拥有研发人员数（人）	《北京统计年鉴》
4		技术收入占总收入比重（%）	《北京统计年鉴》
5		企业总收入年均增速（%）	《北京统计年鉴》
6	产业发展	全员劳动生产率（万元/人）	《北京统计年鉴》
7		地均总收入（亿元/千米^2）	《北京统计年鉴》
8		上市公司数（家）	《中关村国家自主创新示范区发展数据手册》
9		新设科技型企业数（家）	《中关村国家自主创新示范区发展数据手册》
10	创新创业生态	独角兽企业数量（家）	北京市科学技术委员会、中关村科技园区管理委员会
11		本科及以上从业人员占比（%）	《北京统计年鉴》
12		技术合同成交额（亿元）	《北京统计年鉴》
13	开放协同	企业 PCT 国际专利申请量（件）	《中关村国家自主创新示范区发展数据手册》
14		企业和社会团体牵头参与制定国际标准累计数（项）	《中关村国家自主创新示范区发展数据手册》

二、世界领先科技园区评价指标体系

通过对国内外科技园区综合评价指标体系的分析，其评价维度大致包括创新能力、产业发展、创业活跃度、创新环境、宜居环境、开放合作等方面。就不同的创新指标体系而言，主要区别在于不同逻辑思路下的评价侧重点与分类。

基于前述对世界领先科技园区的理解，在吸取以往研究成果有益经验的基础上，构建了由 5 个维度指标构成的评价指标体系，广泛采集世界领先科技园区创新发展最新数据，通过重点指标横向与纵向比较相结合的方式，为这些科技园区"画像"，并重点总结分析中关村科技园区与世界领先科技园区相比的优势与不足。

（一）指标体系设计原则

为充分发挥指标评价的成效展现、问题发现等功能，全面科学客观地进行世界领先科技园区监测和综合评价，指标体系的建立应遵循以下四个原则。

（1）系统性原则。指标体系构建力求在理论研究的基础上，构建反映世界领先科技园区的特征和规律的系统分析框架，使指标体系能够在逻辑结构上严谨、合理。

（2）代表性原则。指标体系，主要用层次较少、数量较少、代表性较强的指标较全面系统地反映科技园区的建设成效，既避免指标体系过于庞杂，又要避免由于指标过于单一而影响测评的价值。

（3）客观性原则。指标体系无论在指标名称、统计口径上，还是在计算方法上，都力求符合统计规范，以便于获取基础数据，能够定期监测和评价发展成果，更加真实地反映各个科技园区的发展状况。

（4）效果监测与过程监测结合原则。指标体系要力求全面反映世界领先科技园区发展的成效，也需要能够体现创新发展的实现过程，以便于我们更好地认识不同科技园区的优势与不足，为科学决策提供支撑。

（二）指标体系构建

根据上述指标设计原则，结合各科技园区数据的可获得情况，从管理运营、企业发展、创新投入、创新产出和融资环境等 5 个维度构建了由 16 个指标构成的世界领先科技园区评价指标体系（表 8-3）。

表 8-3　世界领先科技园区评价指标体系

序号	维度	指标
1	管理运营	运营主体类型
2		占地面积（千米²）
3	企业发展	入驻企业总量（家）
4		每平方千米入驻企业密度（家/千米²）
5		入驻企业年均增长率（%）
6	创新投入	科技活动人员数（万人）
7		科技活动人员占从业人员比重（%）
8		科技活动人员年均增长率（%）
9		研发经费投入强度（%）
10	创新产出	PCT 国际专利申请量（件）
11		PCT 国际专利申请量年均增长率（%）
12		科技园企业收入（亿美元）
13		科技园企业收入年均增长率（%）
14	融资环境	创业投资募资金额（亿美元）
15		创业投资募资案例数（件）
16		创业投资募资金额年均增长率（%）

资料来源：相关资料和数据主要来源于各科技园区官网、国家官方统计年鉴、维基百科以及 PitchBook 和智慧芽等国际权威第三方数据库等。鉴于各科技园区年度统计数据发布时间不一致，本书使用的各指标数据年份以 2020 年为主，部分指标数据更新至 2021 年

（三）评价方法

通过对单项指标进行深入分析的方法，选取若干具有代表性且国际可比的科技创新指标，构建"世界领先科技园区评价指标体系"，一是通过横向比较的方式对遴选出的世界领先科技园区进行比较，判断各园区的发展成

效；二是通过纵向对比的方法分析这些园区 2011～2020 年的发展趋势；三是重点总结分析中关村科技园区相对于其他科技园区的优势与不足。

（四）国际代表性科技园区遴选

为了解中关村科技园区同全球知名科技园区相比的优劣势，我们对包含中关村科技园在内的 17 家国内外知名科技园区（表 8-4）2011～2020 年的建设发展情况进行了定量分析比较[①]。其中，中国 5 个，美国和英国各 2 个，韩国、日本、新加坡、法国、德国、荷兰、瑞典、加拿大各 1 个。

表 8-4 国际代表性科技园区列表

序号	名称	所在国家	所在城市
1	中关村科技园区	中国	北京
2	张江高新区	中国	上海
3	深圳高新区	中国	深圳
4	香港科技园	中国	香港
5	新竹科学园	中国	新竹
6	大德研究开发特区	韩国	大田
7	筑波科学城	日本	筑波
8	新加坡科技园	新加坡	新加坡
9	索菲亚·安蒂波里斯技术城	法国	瓦尔邦纳等
10	埃因霍温高科技园区	荷兰	埃因霍温
11	阿德勒斯霍夫科技园	德国	柏林
12	基斯塔科技园	瑞典	基斯塔
13	牛津科技园	英国	牛津
14	剑桥科技园	英国	剑桥
15	北卡纳塔科技园	加拿大	渥太华
16	斯坦福大学研究园	美国	帕洛阿托
17	三角研究园	美国	罗利、达勒姆和教堂山

[①] 相关资料和数据主要来源于各园区官网、官方统计年鉴、维基百科以及 PitchBook 和智慧芽等权威第三方数据库等。鉴于各园区年度统计数据发布时间不一致，本书使用的各指标数据年份以 2020 年为主，部分指标数据更新至 2021 年度。

第九章

中关村科技园区的发展态势和比较研究

第一节　中关村科技园区的纵向发展态势

本节基于"中关村科技园区评价指标体系"，沿时间轴纵向分析了2016～2021年14个指标数据发展变化情况，以揭示中关村科技园区近年来的发展态势。

一、创新能力持续提升

（一）企业R&D经费投入实现翻番，R&D投入强度稳步增长

2016～2021年，中关村科技园区企业R&D经费内部支出从1972.4亿元增加至4600.2亿元，年均增长率达18.5%，实现了翻番；R&D经费内部支出占增加值的比重从4.3%上升至5.5%，增加了1.2个百分点（图9-1）。此外，83家企业入选欧盟"2021年全球企业研究与开发经费投入2500强"。

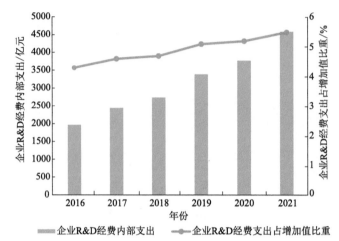

图 9-1　中关村科技园区企业 R&D 经费投入情况（2016～2021 年）

（二）企业创新实力大幅提升，期末有效发明专利数和每万名从业人员发明专利拥有量双双实现翻番

2016～2021年，中关村科技园区期末有效发明专利数从8.3万件增加至20.7万件，年均增长率达20.1%；每万名从业人员发明专利拥有量从248.8件上升至644.0件，增长了1.6倍，年均增长率达21.0%（图9-2）。2021年，中关村科技园区发明专利授权量3.9万件，同比增长40.9%，占全市企业整体的近八成。

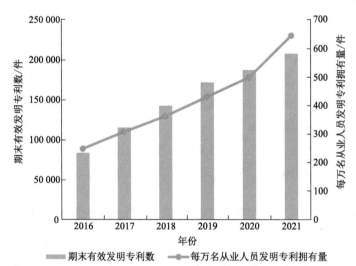

图 9-2　中关村科技园区企业有效发明专利情况（2016～2021 年）

（三）研发人员密度稳步增长，高水平人才持续汇聚

2021年，中关村科技园区企业研发人员规模达97.8万，是2016年的1.5倍，年均增长率达8.3%；每万名从业人员拥有研发人员数达3432.8人，是2016年的1.3倍，年均增长率5.3%（图9-3）。

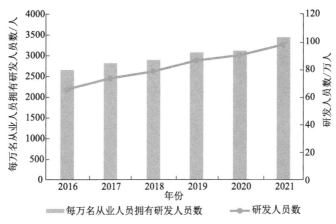

图9-3　中关村科技园区企业研发人员投入情况（2016～2021年）

（四）经济质量持续优化，技术收入实现翻番

2021年，中关村科技园区企业技术收入达20 419.4亿元，年均增长率达21.9%，是2016年的2.7倍，对全市高质量发展支撑作用进一步增强（图9-4）。

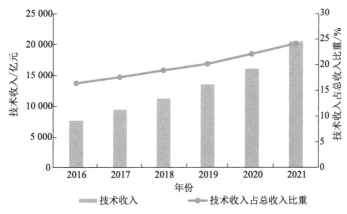

图9-4　中关村科技园区企业技术收入情况（2016～2021年）

二、产业发展提速增效作用显著

（一）企业发展活力加速迸发

2021年，中关村科技园区企业总收入达84 402.3亿元，是2016年的1.8倍，年均增长率达12.9%，占全国高新区1/6以上，对全市经济增长贡献率在30%以上（图9-5）。尤其是2021年在新冠疫情背景下，中关村企业实现逆势增长，总收入实现同比16.8%的增长，较上年同期增加了8个百分点。此外，2021年，中关村科技园区人均税收11.1万元，实现20%以上的快速增长。

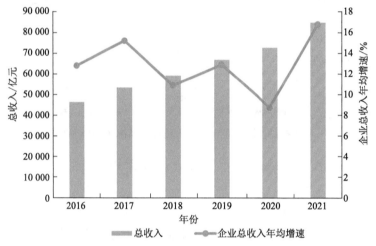

图9-5　中关村科技园区企业总收入情况（2016～2021年）

其中，电子信息和生物医药"双发动机"作用凸显。2021年，电子信息领域实现总收入4.3万亿元，占中关村科技园区总收入的50.9%；生物医药领域总收入同比增速达82.4%，2021年有3个创新药、7个创新医疗器械产品获批上市。数字经济引领优势进一步凸显，2021年中关村科技园区数字经济核心产业实现总收入3.2万亿元，同比增长22.3%。先进制造、现代交通、绿色能源与节能环保、新材料4个重点产业发展亮点纷呈，如先进制造特色产业集群初步形成，汇聚京东方、福田汽车等近2000家企业，总收入达近1万亿元[①]。

[①] 北京市科学技术委员会、中关村科技园区管理委员会. 2022. 先行先试 中关村示范区十年建设硕果累累[EB/OL]. https://www.beijing.gov.cn/ywdt/gzdt/202210/t20221011_2833384.html[2022-10-11].

（二）产业发展效率和质量快速提升

2016～2021 年，中关村科技园区全员劳动生产率由 27.8 万元/人快速增加至 47.0 万元/人，增长了 0.7 倍；地均总收入由 94.3 亿元/千米² 提高到 172.9 亿元/千米²，增加了 0.8 倍，进一步实现了集聚集约发展（图 9-6）。

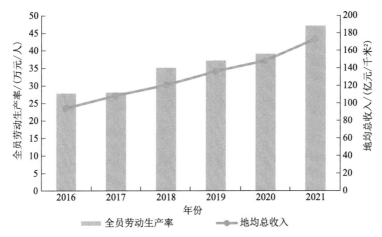

图 9-6　中关村科技园区全员劳动生产率和地均总收入情况（2016～2021 年）

三、创新创业生态环境持续优化

（一）科技型企业稳步增长，领军企业规模持续攀升

近年来，中关村科技园区着力构建"大企业强、独角兽企业多、中小企业活"的创新企业矩阵。2016～2021 年，中关村科技园区每年新设科技型企业数量持续保持在 2.5 万家以上，每年日均新设科技型企业 80 家左右，2018 年更是达到了高峰，新设科技型企业高达 3.2 万家；上市企业数持续保持增长态势，由 2016 年的 300 家增加到 2021 年的 456 家，增长了 0.5 倍（图 9-7），入选福布斯"2022 年全球企业 2000 强"企业 32 家。独角兽企业等高成长创新主体不断扩容增量，2022 年独角兽数量达 108 家，位居全球城市第 2，是 2016 年的 1.7 倍[①]。在人工智能、集成电路、机器人、纳米材料等领域涌现

---

① 北京市科学技术委员会、中关村科技园区管理委员会. 2022. 先行先试 中关村示范区十年建设硕果累累[EB/OL]. https://www.beijing.gov.cn/ywdt/gzdt/202210/t20221011_2833384.html[2022-10-11].

一批技术含量高、资本助力强的优质初创企业，硬科技属性更加彰显。

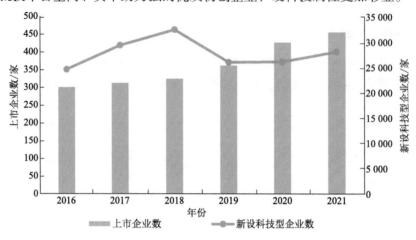

图 9-7　中关村科技园区上市企业和新设科技型企业情况（2016～2021 年）

（二）从业人员规模稳步增长，人员结构持续优化

2021 年，中关村科技园区本科以上从业人员规模达 182.7 万人，是 2016 年的 1.4 倍，年均增长率达 6.7%；本科以上从业人员占全部从业人员比重达 64.1%，较 2016 年提高了 10.9 个百分点（图 9-8）。

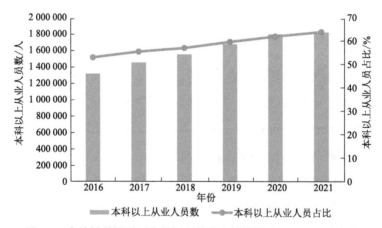

图 9-8　中关村科技园区本科以上从业人员情况（2016～2021 年）

（三）集成化、专业化、国际化双创服务体系持续升级

中关村科技园区打造覆盖研发创新、项目发掘、孵化转化、检测认证等

关键环节的全链条全生命周期"双创"服务体系。截至 2021 年底，培育科技企业孵化器、大学科技园、特色园区等近 500 个，其中，66 家国家级科技企业孵化器、147 个国家级众创空间、51 家国家技术转移机构、232 家国家级检验检测机构。支持建设技术创新中心、工程研究中心等各类共性技术平台超过 1000 个，高精尖产业协同创新平台体系累计服务企业约 18 000 家次[①]。

四、开放协同发展格局加快形成

（一）技术合同成交额稳步增长

2016～2021 年，中关村科技园区范围内实现技术合同成交额从 3067.5 亿元增加至 4540.3 亿元，年均增长率达 8.2%；其占全市技术合同成交额比重持续保持在六成以上（图 9-9）。

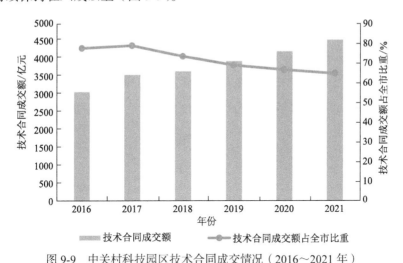

图 9-9　中关村科技园区技术合同成交情况（2016～2021 年）

（二）企业创新主体地位不断凸显

2021 年，中关村科技园区企业 PCT 国际专利申请量达 8189 件，同比增长 32%，是 2016 年的 2.6 倍（图 9-10），其中 4 家企业跻身世界知识产权组织

① 北京市科学技术委员会、中关村科技园区管理委员会. 2022. 先行先试 中关村示范区十年建设硕果累累[EB/OL]. https://www.beijing.gov.cn/ywdt/gzdt/202210/t20221011_2833384.html[2022-10-11].

"2021年全球PCT国际专利申请量TOP 100"。企业和社会团体牵头参与制定国际标准累计达605项，较上年增加100项，是2016年的2.6倍（图9-10）。

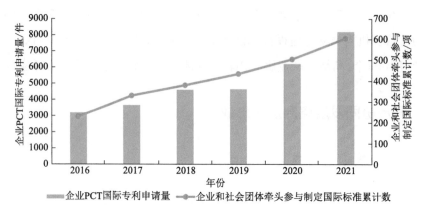

图9-10　中关村科技园区企业PCT国际专利申请及企业和社会团体牵头参与制定国际标准情况（2016～2021年）

（三）国际优质创新资源加速汇聚

依托"中关村论坛"等国际科技创新交流合作平台，拓展国际资源对接渠道，2021年中关村科技园区企业拥有留学归国和外籍从业人员6.6万人，同比增长2.6%；吸引外商实际投资额442.0亿美元，同比增长4倍以上；有83家跨国公司地区总部，较上年增加9家[①]。

（四）企业国际化拓展能力稳步提升

2021年，中关村科技园区企业出口总额3893.8亿元，同比增长46.0%，占全市出口总额的六成以上；上市企业实现海外收入1.6万亿元，同比增长35.9%；企业境外直接投资额156.7亿元，同比增长77.0%[②]。

（五）跨区域协同创新加快推进

深度服务京津冀协同发展，截至2021年底，中关村科技园区企业累计

---

① 北京方迪经济发展研究院，中关村创新发展研究院. 2022. 中关村指数 2022[EB/OL]. https://www.ncsti.gov.cn/kcfw/kchzhsh/ 2022zgczs/[2022-12-24].

② 北京方迪经济发展研究院，中关村创新发展研究院. 2022. 中关村指数 2022[EB/OL]. https://www.ncsti.gov.cn/kcfw/kchzhsh/ 2022zgczs/[2022-12-24].

在津冀地区设立分支机构 9032 家，以举办"科技冬奥"为契机，联合河北省张家口市推动冰雪与旅游、科技、装备制造等产业深度融合。

第二节 中关村科技园区发展的横向比较分析

本节基于上述"世界领先科技园区评价指标体系"，对包括中关村科技园区在内的 17 个国内外知名科技园区在 16 个指标上的最新表现进行了横向比较分析，同时也重点关注这些科技园区在2011～2020 年的相关指标发展趋势。

一、管理运营

（一）运营主体多样，亚洲的科技园区多为政府管理

亚洲的科技园区一般由政府负责运营管理，仅有中国香港科技园、韩国大德研究开发特区是由政府设立的公司或基金会进行规划和管理的；其他地区的园区管理不尽相同，运营主体既包括政府，也包括有政府背景的基金会、协会或企业，以及大学和其他类型的企业（表9-1）。

表 9-1   国际代表性科技园区运营管理主体类型

运营主体	相关科技园
政府	中关村科技园区、张江高新区、深圳高新区、新竹科学园、筑波科学城、三角研究园
有政府背景的基金会、协会或企业	香港科技园、大德研究开发特区、索菲亚·安蒂波里斯技术城、阿德勒斯霍夫科技园、北卡纳塔科技园
大学	牛津科技园、剑桥科技园、斯坦福大学研究园
其他类型的企业	新加坡科技园、埃因霍温高科技园区、基斯塔科技园

（二）亚洲科技园区普遍空间范围较大，中关村科技园区排名靠前

从区域上看，亚洲的科技园区空间范围普遍较大，其中张江高新区面积

最大，达 513 平方千米；中关村科技园区以 488 平方千米排名第 2，筑波科学城、深圳高新区以及大德研究开发特区排名分列第 3～5 位。欧美的科技园区空间范围相对较小，最大的三角研究园面积也只有 28.3 平方千米，最小的牛津科技园面积仅为 0.004 平方千米。

二、企业发展

（一）中关村科技园区入驻企业总量最多

从国际代表性科技园区入驻企业规模来看，有入驻企业数据的科技园区共有 16 家。其中，2020 年，中关村科技园区入驻企业数量[①]最多，为 2.7 万家，是 2011 年的 1.8 倍，规模在各个园区中排名第 1。张江高新区和深圳高新区入驻企业规模分别达 1.2 万家和 0.7 万家，分列第 2、3 位，牛津科技园入驻企业最少，为 70 家（图 9-11）。

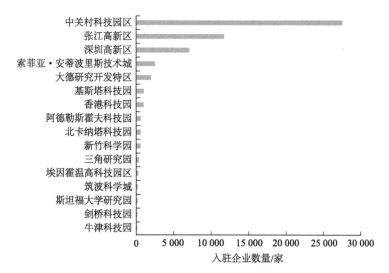

图 9-11　2020 年国际代表性科技园区入驻企业规模

注：根据数据公布情况，中国科技园区、张江高新区和深圳高新区的数据是截至 2020 年的，其他科技园区的数据是截至 2019 年的

---

① 中关村科技园区、张江高新区和深圳高新区企业数据来源于《中国火炬统计年鉴 2021》，指标统计口径为"入统企业数"。

（二）香港科技园企业密度最大

从每平方千米入驻企业密度看，2020 年香港科技园以 4318.2 家/千米 ^{2} 排名第一，剑桥科技园（216.7 家/千米 ^{2}）、阿德勒斯霍夫科技园（131.7 家/千米 ^{2}）、索菲亚·安蒂波里斯技术城（104.2 家/千米 ^{2}）、新竹科学园（77.6 家/千米 ^{2}）分列第 2~5 位，中关村科技园区每平方千米入驻企业数达 56.3 家，排名第 6。深圳高新区（44.0 家/千米 ^{2}）和张江高新区（21.9 家/千米 ^{2}）分列第 8 和 10 位（图 9-12）。

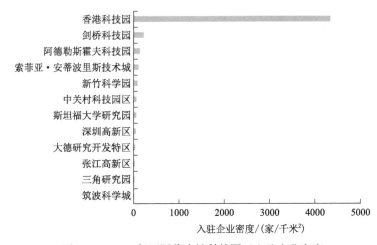

图 9-12　2020 年国际代表性科技园区入驻企业密度

（三）深圳高新区入驻企业规模发展最快

从增长情况看，2011~2020 年，中关村科技园区入驻企业总数从 1.5 万家增至 2.7 万家，增长了 0.8 倍，年均增长率达 6.8%，大幅低于张江高新区（27.4%）和深圳高新区（31.0%）的年均增长率（图 9-13）。同时，在企业密度方面，中关村科技园区每平方千米企业数从 30.8 家增至 56.3 家，增长了 0.8 倍，领先深圳高新区（44.0 家/千米 ^{2}）和张江高新区（21.9 家/千米 ^{2}）。

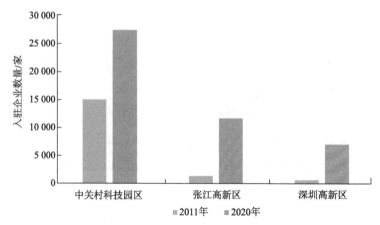

图 9-13　中关村、张江、深圳三大科技园区入驻企业情况（2011 年和 2020 年）

三、创新投入

（一）中关村科技园区科技活动人员最多，但占比和增速还有提升空间

从科技活动人员规模看，有相关数据的科技园区有 7 家。2011～2020 年，中关村科技园区科技活动人员数量从 30.1 万人大幅增至 90.1 万人（年均增长率达 13.0%），在 7 家科技园区中排名第 1，远高于张江高新区（52.4 万人，2020 年数据，下同）、深圳高新区（34.9 万人）、大德研究开发特区（7.7 万人）、筑波科学城（1.0 万人）、香港科技园（0.9 万人）、索菲亚·安蒂波里斯技术城（0.5 万人）等其他 6 个科技园区。

从科技活动人员占从业人员比重看，2020 年香港科技园（68.9%）、大德研究开发特区（39.7%）和张江高新区（31.5%）科技活动人员比例排名前 3；中关村科技园区科技活动人员占从业人员比重达 31.1%，排名第 4（图 9-14）。

从科技活动人员增速看，2011～2020 年，国内三大科技园区中，张江高新区以 21.6% 的年均增长率排名第一，高于深圳高新区（17.1%）和中关村科技园区（13.0%）（图 9-15）。

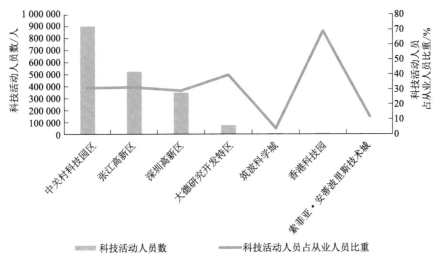

图 9-14　2020 年国际代表性科技园区科技活动人员情况

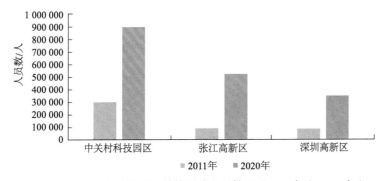

图 9-15　国内三大科技园区科技活动人员情况（2011 年和 2020 年）

（二）大德研究开发特区 R&D 经费投入强度最高，中关村科技园区整体表现有待提升

从 2020 年 R&D 经费投入强度看，在有相关数据统计的 5 个科技园区中，大德研究开发特区、新竹科学园、深圳高新区、张江高新区和中关村科技园区分别为 16.15%、7.40%、5.15%、1.81%、1.58%（图 9-16）。

从 2011～2020 年 R&D 经费投入强度变化看，国内三大科技园区中，张江高新区和深圳高新区分别提高了 0.58 和 1.9 个百分点，中关村科技园区 R&D 经费投入强度则保持在 1.6% 左右。

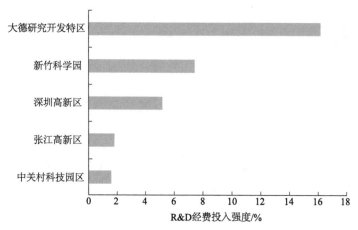

图 9-16　2020 年国际代表性科技园区 R&D 经费投入强度

四、创新产出

（一）深圳高新区 PCT 国际专利申请规模居首，中关村科技园区 PCT 国际专利申请增速均位居前列

从 PCT 国际专利申请量看，在 8 个有统计数据的科技园区中，2020 年，中关村科技园区 PCT 国际专利申请量达 6193 件，位居第 2。深圳高新区以 6640 件排名第 1，张江高新区、大德研究开发特区、新竹科学园等亚洲园区也表现出色，分列第 3、第 4、第 5 位。欧洲的基斯塔科技园及索菲亚·安蒂波里斯技术城等科技园区 PCT 国际专利申请规模相对较小（图 9-17）。

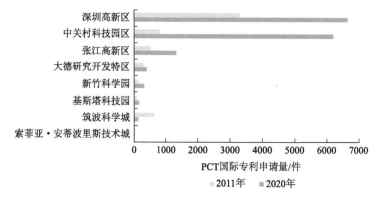

图 9-17　国际代表性科技园区 PCT 国际专利申请规模（2011 年和 2020 年）

从 2011～2020 年 PCT 国际专利申请量增长情况看,中关村科技园区 PCT 国际专利申请量增长了 6.8 倍,年均增长率达 25.6%,增速排 8 个科技园区第一。张江高新区、新竹科学园和深圳高新区等亚洲园区也保持了年均 8% 以上的增长率。索菲亚·安蒂波里斯技术城和筑波科学城 PCT 国际专利申请量则出现了负增长的趋势。

（二）中关村科技园区企业收入和人均创收均领先，但增速在国内不占优势

从科技园区企业收入情况看,有相关数据统计的科技园区达 8 家。其中,2020 年,中关村科技园区企业收入规模超 1.0 万亿美元,在 8 个有统计数据的科技园区中排名第 1(图 9-18),是 2011 年的 3.7 倍,年均增长率达 15.6%。但从 2011～2020 年企业收入年均增速看,中关村科技园区企业收入年均增速为 15.6%,低于张江高新区（20.5%）和深圳高新区（19.4%）。从每万名从业人员收入情况看,2020 年中关村科技园区达 36.1 亿美元/万人,在 8 个科技园区中排名第 2,低于北卡纳塔科技园（39.4 亿美元/万人）,高于张江高新区、新竹科学园、深圳高新区、大德研究开发特区、索菲亚·安蒂波里斯技术城和筑波科学城。

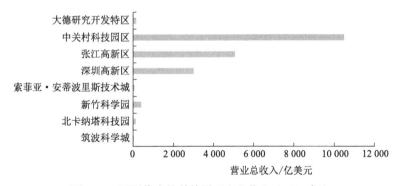

图 9-18 国际代表性科技园区企业收入（2020 年）

五、融资环境

中关村科技园区创业金融环境最优。在有统计数据的 13 个科技园区所

在城市中，中关村科技园区所在城市北京的创业投资募资金额和交易案例数均位居首位，2020年募资金额达299.3亿美元，交易案例数达484件（图9-19）。

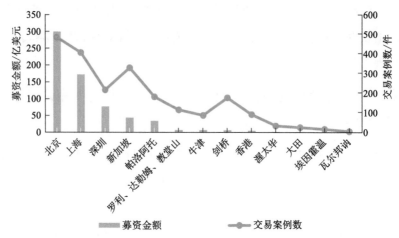

图 9-19　国际代表性科技园区所在城市创业投资情况（2020 年）

中关村科技园区创业投资募资金额年均增速低于张江高新区和深圳高新区。从2011～2020年的增速来看，北京创业投资额从38.9亿美元增至299.3亿美元，年均增长25.5%，高于帕洛阿托、香港等城市，但低于上海（33.5%）、新加坡（31.7%）和深圳（30.7%）。

同时，结合《"十四五"时期中关村国家自主创新示范区发展建设规划》中关村示范区"十四五"发展指标体系看，中关村科技园区在人才发展、科技领军企业培育、创新生态环境营造方面与硅谷等科技园区或其他国际知名科技创新区域相比尚需进一步提升。未来几年，中关村科技园区如何在现有发展规模基础上，进一步提高发展效能，保持持续领先优势，实现高质量发展，是建设世界领先科技园区所面临的关键问题。

发展路径篇

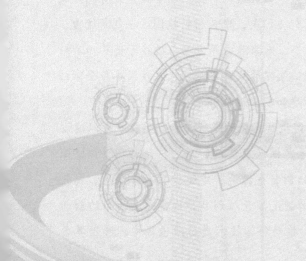

　　科技园区是世界各国和地区重要的创新资源和创新力量的集结地，对于增强产业竞争力、推动创新型经济发展具有重大作用，因此也成为世界各国和地区参与世界科技竞争、占据全球价值链高端的重要力量。中关村科技园区自诞生以来，就一直是我国科技创新的一面旗帜，经过 40 余年的发展，集聚了我国最密集、最优质的科技创新资源，并不断发展成长为世界科技创新网络中的重要节点。国家主席习近平在 2021 中关村论坛开幕式发表的视频致辞中指出，中关村要加快建设世界领先的科技园区。自此，建设世界领先科技园区成为中关村在新的历史时期的重要使命。

　　当今世界百年未有之大变局加速演进，全球创新格局不断变化，我国科技发展的环境不确定性显著提高并可能持续存在。从国际上看，脱钩断链、网络安全、颠覆性技术应用和科技伦理等问题层出不穷，为中关村建设世界领先科技园区增加了多重考验。从国内发展看，面对数据要素化、场景驱动等新发展机遇，我国凭借海量数据、复杂场景、广阔市场空间等天然优势已具备完成跨越式发展的良好基础。在量子通信、人工智能、生命科学、超级计算机等领域处于"并跑"甚至"领跑"态势。但我国自身科技创新能力仍显不足，整体科技产业安全韧性还需增强，国际科技合作遭受遏制，迫切需要破局。

　　中关村科技园区拥有我国最密集、最优质的科技创新资源，最有能力成为撬动我国科技创新发展的重要杠杆。但是，中关村科技园区在创新能力、经济效率、高端人才、创新创业生态、未来潜力等方面与硅谷等世界知名科技园区存在差距，融入京津冀区域协同发展战略不足，代表我国参与全球科技治理、开拓国际合作空间的显示度和创新度不够等。

　　综上，中关村科技园区作为我国改革发展的先行者和受益者，应以建设世界领先科技园区为契机，更好地发挥试点突破和压力测试作用，积极探索破解难题的现实路径，打造原始创新策源地，建设世界人才高地，发展全球领先的产业集群，推动高水平制度型开放创新，构建充满活力的创新生态，探索现代化园区治理模式，推动科学技术更好地造福中国和世界各国人民。

第十章

打造原始创新策源地

原始创新是指获得前所未有的重大科学发现、创造前所未有的重大技术发明、开辟前所未有的产业新方向、实现发展理念的新跨越，是科技增强引领力的基石（万劲波，2023）。原始创新孕育着科学技术质的变化和发展，是一个民族对人类文明进步做出贡献的重要体现，也是当今世界科技竞争的制高点（陈雅兰，2005）。原始创新具有在知识创造方面的强引领性、高新技术发明方面的先导性，以及产业发展方面的开拓性与带动性，也是科技创新中难度最大、要求最高的一类创新范式（陈劲等，2023）。从过去 40 多年中关村发展的演变历程来看，中关村"变化"的是随时代发展和国家战略变化而不断迭代升级的定位和使命。中关村坚持服务国家重大战略，在发展大局中体现使命和担当，每一个发展阶段都自觉承担党中央、国务院赋予的历史使命和重大任务。世界正处于百年未有之大变局，新一轮的科技革命和产业变革正在蓬勃兴起。在这样的大背景下，中关村被赋予新的历史使命与时代责任，即建设成为世界领先科技园区。世界领先科技园区是科技园区的最高发展阶段，是科技创新资源高度集聚、科技创新资源配置能力全球领先、科技创新引领产业发展、与所在城市高度融合的创新区域，世界领先科技园区的发展重点已不再是引进高技术产业，而是重视创新创造尤其是原始创新进发的地方。2023 年 5 月 25 日，国家主席习近平向 2023 中关村论坛致贺信强调，"进一步加快世界领先科技园区建设，在前沿技术创新、高精尖产业发展方面奋力走在前列"[①]。面向未来，中关村要更好地发挥示范引领作用。在原始创新方面，未来中关村应以提升原始创新能力作为促进世界领先科技园区建设的动力源、着力点，主动担当作为，努力做到战略领先、科技领先，在打造全球创新高地和实现高质量发展方面作出示范。本章在系统分析中关村打造原始创新策源地极端重要性、主要存在问题的基础上，提出如何打造原始创新策源地的对策建议，以期为实现中关村创新发展的更高能级跃升与新突破提供决策参考。

第一节　为什么要打造原始创新策源地

一、落实创新驱动发展战略的需要

习近平总书记关于科技创新的重要论述和对中关村科技园区的指示精神，为中关村创新发展指明了前进方向。2013 年 9 月 30 日，中央政治局在中关村以实施创新驱动发展战略为题举行第九次集体学习。习近平总书记在主持集体学习时指出："面向未来，中关村要加大实施创新驱动发展战略力度，加快向具有全球影响力的科技创新中心进军，为在全国实施创新驱动发展战略更好发挥示范引领作用。"[②]2020 年 9 月 11 日，习近平总书记在科学家座谈会上明确指出，"我们必须走出适合国情的创新路子，特别是要把原

---

① 习近平向 2023 中关村论坛致贺信[EB/OL]. https://www.gov.cn/yaowen/liebiao/202305/content_6876229. htm[2023-05-25].

② 习近平：敏锐把握世界科技创新发展趋势 切实把创新驱动发展战略实施好[EB/OL]. http://cpc. people.com.cn/n/2013/1002/c64094-23096105.html[2024-05-26].

始创新能力提升摆在更加突出的位置，努力实现更多'从 0 到 1'的突破"①。2023 年 1 月 31 日，在中共中央政治局第二次集体学习中，习近平总书记明确要求"坚持原始创新、集成创新、开放创新一体设计，实现有效贯通"②。这为中关村一体推进原始创新、集成创新、开放创新，加快打造原始创新策源地，加快突破关键核心技术，努力抢占科技制高点指明了努力方向。

党中央、国务院对中关村作出了一系列重大决策部署，为中关村创新发展注入了强大动力。党的二十大报告提出，"以国家战略需求为导向，集聚力量进行原创性引领性科技攻关，坚决打赢关键核心技术攻坚战"③。2021 年 11 月 24 日，中央全面深化改革委员会召开第二十二次会议，审议通过了《关于支持中关村国家自主创新示范区开展高水平科技自立自强先行先试改革的若干措施》。会议指出，支持中关村国家自主创新示范区开展高水平科技自立自强先行先试改革，要瞄准实现高水平科技自立自强最突出的短板、最紧迫的任务，加快打造世界领先科技园区和创新高地。

坚持服务国家重大战略，在发展大局中体现使命担当。中关村作为我国科技创新发展的引领者，坚持走在全国科技创新、制度创新最前沿，新时代呼唤中关村以更加强烈的创新意愿、高度的创新积极性和丰富的改革经验，叠加北京建设国家服务业扩大开放综合示范区、中国（北京）自由贸易试验区和中关村国家自主创新示范区政策优势，大胆试、大胆闯，在实现科技自立自强中再立新功。提升原始创新能力，既是中关村深化创新驱动、建设具有全球影响力的科技创新中心的根本要求，更是中关村必须担负起的历史使命和时代责任。

---

① 习近平：在科学家座谈会上的讲话[EB/OL]. http://www.xinhuanet.com/politics/leaders/2020-09/11/c_1126483997.htm[2020-09-11].

② 习近平主持中共中央政治局第二次集体学习并发表重要讲话[EB/OL]. https://www.gov.cn/xinwen/2023-02/01/content_5739555.htm[2023-02-01].

③ 习近平：高举中国特色社会主义伟大旗帜 为全面建设社会主义现代化国家而团结奋斗——在中国共产党第二十次全国代表大会上的报告[EB/OL]. https://www.gov.cn/ xinwen/2022-10/25/content_5721685.htm[2022-10-25].

二、开辟发展新领域新赛道的需要

新科技革命前夜，原创性突破正在开辟前沿新方向。进入 21 世纪以来，全球科技创新进入空前密集活跃的时期，量子信息、脑科学等原创性突破正在开辟前沿新方向，并取得了颠覆性突破；人工智能、下一代移动通信技术、大数据、云计算、物联网、量子通信等新兴前沿技术呈现群体突破态势。基因与细胞治疗、新能源与智能网联汽车、区块链、元宇宙不断出现技术风口，技术迭代不断产生产业发展新的引擎。科技园区及时把握技术迭代新脉搏，推动前沿新兴产业集聚，能够在未来产业和新赛道布局形成领先优势和率先态势。例如，硅谷的发展经历了国防工业、半导体、个人计算机、互联网、社交媒体等五次浪潮，2022 年 ChatGPT 引领性技术上线，每一次新技术浪潮都催生出具有代表性的公司，成为全球经济浪潮的推动者和引领者。波士顿地区抓住基因与细胞治疗的发展机遇，已从全球第二大微电子工业中心转变成为全球规模最大的生物医药创新区域。

加强原始创新和自主创新能力，抢占科技革命发展先机，中关村具有无可比拟的优势。中关村智力资源高度密集，全球顶尖科学家和高校智力资源的数量"领跑"全国，高被引科学家入选人数居全球第二位，活跃的研究人员数量居全球第一位，有北京大学、清华大学等高校 90 多所，有中国科学院等科研机构 1000 多个，中关村、昌平、怀柔三个国家实验室实现入轨运行，北京量子信息科学研究院、北京脑科学与类脑研究中心、北京智源人工智能研究院、北京雁栖湖应用数学研究院等 9 家世界一流新型研发机构运行良好，拥有高能同步辐射光源、综合极端条件实验装置等一批高水平研究平台。截至 2023 年底，据《北京城市总体规划实施体检报告公众读本（2022 年度）》，12 家重点实验室入选首批标杆全国重点实验室。北京连续 8 年蝉联自然指数科研城市第一名，涌现出全球精度最高智能线虫"天宝"、全球最大区块链开源存储引擎"泓"、100 千米量子直接通信距离世界纪录等一批原创成果。搭建国内第一条 8 英寸硅光量产工艺线，自主研发出 CCP 介质刻蚀机，涌现出新一代 256 核区块链专用加速芯片、长寿命超导量子比特芯片、新一代量子计算云平台、超大规模智能模型"悟道 3.0"、国内首个自主可控软硬件技术体系"长安链"等一批重大创新成果。中关村推动在服务"科技冬奥""科技抗疫"等重大需求中贡献力量，中关村企业 200 多项新技术在 2022 年北京冬季奥运会中应用。同时，7 款新冠疫苗获批附条件上市或开展紧急使用，其中 2 款灭活疫苗全球供应超过 55 亿剂。2022 年，中关村示范区企业专利授权量 9.9 万件，是 2012 年的 6.4 倍；企业有效发明专利拥有量达到 22 万件，是 2012 年的 11 倍。

在新一轮科技革命与科学前沿孕育突破、关键核心技术研发中，中关村承担着代表国家水平参与全球创新竞争与合作的重大使命。新一轮科技革命和产业变革已成为世界各国竞争的焦点，技术创新在世界范围内呈多点突破态势，深度影响全球产业结构和竞争格局的重构。从国际视角来看，科技创新成为国际战略博弈的主要战场，围绕科技制高点的竞争空前激烈。从国内视角来看，中国式现代化关键在科技现代化，构建新发展格局最本质的特征是实现高水平的自立自强。中关村作为创新策源、资源汇聚、开放合作的区域性创新集聚区，处在全球科技竞争的最前沿，也是新经济培育和区域经济发展的重要引擎。中关村需要用共建、共享、共赢的理念强化创新，瞄准世界科技前沿，整合全球创新资源，引领科技发展方向，开辟发展新领域新赛道，塑造发展新动能新优势，始终走在国家创新驱动高质量发展的最前列。

三、探索新型科学研究范式的需要

科学研究范式正在发生深刻变革。自托马斯·库恩在其名著《科学革命的结构》中提出科学研究范式以来，主要的科学研究范式包括基于观察和归纳的实验研究范式、基于科学假设和逻辑演绎的理论研究范式，计算机对复杂现象的仿真成为第三种科研方式。中国科学院院士韩启德（2021）认为：在量子科学研究中发现很多不确定性现象；大数据加上人工智能技术可以在未经还原和不破解机制与因果关系的前提下发现新的规律；人类基因组计划的完成以及转录组、蛋白质组和代谢组等各种生命组学的进展，正在使假设驱动的实验研究范式转变为数据驱动的研究范式；等等。李国杰（2024）提出了智能化科研"第五范式"，指出"第五范式"不仅仅是传统的科学发现，更是对智能系统的探索和实现，强调人脑与计算机的有机融合。所有这些都提示现代科学研究范式正面临巨大的转变。例如，大脑成像新技术和新装备、脑机接口与神经调控等技术，以及与新材料、人工智能技术等领域的交叉融合，将给脑科学领域带来科学研究范式的革命。

跨学科交叉与多种科研范式的融合成为可能。科技革命与产业变革的科学基石、主导力量、组织载体、空间响应、资源基础正在发生变化。产研融合、科教融合，新型研发组织模式不断涌现，打破组织与学科边界，以问题为导向和解决方案为导向的科研组织模式日益受到重视，企业、高校和科研院所之间基于明确职责定位基础上的开放型、多元化的"协而不同"的创新合作趋势日益显著。网络信息技术、大型科研设施开放共享、智能制造技术提供了功能强大的研发工具和前所未有的创新平台。所有即将来临的新技术都会以某种形式相互作用，这需要跨学科思维，社会学家、经济学家、艺术家、设计师要与科学家、工程师结合到一起，加强传统学科、新兴学科、前沿学科以及不同领域学科的协同联动，突破既有学科边界，实现不同学科研究范式之间的交叉融合、协同创新。

作为我国创新发展的一面旗帜，中关村在探索新型科学研究范式中始终发挥着改革"试验田"和创新"排头兵"的重要作用，探索完善基础研究和原始创新的体制机制。中关村国家实验室承担重大目标使命，战略性、前瞻性、基础性重大科学问题和关键核心技术的协同研发机制，新型科研机构管理体制机制创新，基础研究的社会多元投入机制，政府的科技创新治理机制等，都是中关村探索原始创新体制机制先行先试面临的重大现实需求。

第二节　打造原始创新策源地面临的现状

一、基础研究投入力度有待进一步加强

基础研究是原始创新的源头和总开关，是抓住科技革命和产业变革新机

遇的战略支撑。有专家学者认为，原始创新产生于包括纯基础研究与应用基础研究的基础研究领域（吕薇，2019）。原始创新能力是基础研究经费长期持续投入的结果体现，在"大科学"时代，更需要巨大研究资金的稳定保障。基础研究的长期稳定投入机制仍需完善，在基础研究投入方面，中关村与硅谷等全球创新标杆相比，与国内深圳高新区、张江高新区相比，仍需要进一步加强。2019年，中关村上市营收150强企业研发投入强度仅为硅谷上市营收150强的1/4；企业净利润仅为硅谷上市营收150强的1/5。根据科技部火炬中心的统计数据，2019年，中关村科技园区火炬入统企业研发投入强度为1.67%，张江高新区为1.9%，深圳高新区为5.14%（赵弘，哈妮丽，2022）。为确保中关村科技园区企业的基础研究获得稳定和多元化的投入，需要进一步加大投入的力度、提高投入的强度，并促进投入方式的多元化。

二、科教资源优势尚需充分发挥

高校和科研机构是科技园区发展的重要支持要素，中关村科教资源高度聚集，拥有北京大学、清华大学、中国科学院等顶尖高校和科研机构，原始创新的组团亟须形成合力，科技成果转化和产学研还需深度融合。在国际创新竞争力方面，无论是国际专利、国际标准等国际化创新成果的竞争力指标，还是全球知名榜单中的排名，中关村与硅谷之间仍存在一定的差距。国际资源要素利用能力和集聚能力是企业开展国际科技创新合作能力的重要体现，中关村在国际人才资源引进、国际资本利用和参与国际活动等方面尚需进一步加强。企业和高校、科研机构国际化发展的广度和深度也不够，国际合作平台建设、国际研发项目以及在境外的创新布局等方面需要持续加强。

三、"卡脖子"技术突破能力亟待提升

重大科学发现和引领性原创成果不足。科技资源优势的挖掘力度还不充分，核心技术、关键技术对外依存度较高，在一些高技术领域，特别在CPU

芯片、操作系统、核心元器件、关键仪器设备、基础材料等事关国家安全和产业发展的关键核心技术能力还有待提升。打造具有全球技术主导权的创新型产业集群面临较大挑战。头部企业的规模体量和创新能力还有较大提升空间。例如，一些关键领域，如集成电路、生物医药、新材料等行业技术产品进口受限，部分产品短期内国产替代难度大，一些"卡脖子"技术亟待突破。企业开展基础研究的动力不足。根据《北京统计年鉴 2023》《深圳统计年鉴 2023》分析，2022 年北京的基础研究经费占企业 R&D 经费的比例为 1.01%，而深圳为 2.57%。这表明北京企业在基础研究方面的参与程度相对较低，相比之下，政府财政在基础研究方面发挥着主导作用。

四、科技创新链的有机衔接与合作有待强化

从横向创新主体间的协作现状看，竞争效应仍强于合作效应。此外，对于处在科学研究与产业化中间阶段的共性技术研发成果的共享机制，目前尚未完全建立。从纵向创新主体间的合作看，企业与政产学研用在科技创新价值链上的合作尚未形成"前端基础研究促进后端技术研发与生产、后端产业实践进一步反哺前端研究"的良好科技创新态势。科技、资本与产业的良性循环机制亟须加强。

五、政府与创新主体之间有待形成强大合力

在管理运行机制方面，政府在具有外部性特征和公共产品属性的基础研究和应用基础研究领域负有主体责任，市场中的微观企业在具有商业开发价值的工程化和产业化研究领域居于主体地位，如何更好地发挥这二者的作用，需要进一步的探索。国家实验室与国家重点实验室、国家工程中心或大学等专业化科研机构之间的政产学研的贯通体系作用需要加强，央属科研单位如何更好地参与北京地方重大科技任务还需要加强。

六、创新范式亟待突破

智能计算等数字技术对科技创新的驱动力明显提升，智能和计算驱动正在越来越普遍地成为新的科研范式，数字经济浪潮使得各个国家争夺数字经济贸易治理规则的主导权，多学科交叉不断产生新的研究问题，催生新的研究范式。原始创新可能引发新学科、颠覆性技术、新产业兴起，甚至形成新技术经济范式。目前，中关村以数据要素驱动基础研究和产业融合发展的优势尚未充分发挥，前沿和新兴学科建设亟待提速，科研组织效率有待提升，技术快速迭代和产业化亟须建立"大平台+硬任务+市场要素"的新型科研组织模式和应用场景。

第三节　打造原始创新策源地的对策建议

坚持服务国家战略和推动新时代首都发展相结合，更加突出前沿技术引领和关键核心技术自主可控，促进创新链、供应链、价值链、产业链融合。进一步优化基础研究长期稳定支持体系，探索构建多层次、多渠道、多主体的支持基础研究的经费投入机制；加强原创性引领性关键技术研发攻关，牢牢把握全球科技创新前沿趋势；布局高水平原始创新重大基础设施平台，提升对新领域新赛道的敏感力和判断力；探索促进原始创新的体制机制创新，构建和布局充分发挥政府和市场作用的新型科研组织模式，不断提升世界领先科技园区的原始创新能力，助力北京成为全球创新网络的中坚力量，为实现高水平科技自立自强做出新贡献。

一、优化基础研究长期稳定支持体系

（一）充分发挥自然科学基金支持源头创新的重要作用

建立完善竞争性支持和稳定支持相结合的基础研究投入机制，强化国家自然科学基金等对自由探索型基础研究的支持作用，支持科技园区内企业、科研机构等积极争取国家自然科学基金项目，聚焦遵循科学发展规律提出的前沿问题、重大应用研究中抽象出的理论问题，坚持目标导向和自由探索"两条腿走路"。发挥北京市自然科学基金支持源头创新的基石作用，扩大项目规模，加大对探索性和风险性强的原创性基础研究的支持力度，凝练基础研究关键科学问题并着力攻关，进而实现前沿科学引领并支撑技术突破、应用需求牵引源头创新，从源头和底层解决关键技术问题。

（二）畅通社会力量参与基础研究的渠道

加大对基础研究的长期稳定支持，做好经费科研条件、配套服务等方面的保障，吸引更多央属科研机构承担地方科研任务。鼓励中关村因地制宜地摸索出更加符合园区特色的多元化、多渠道基础研究投入举措，加大对重点基础研究项目、重点团队和科研基地的稳定支持，营造全社会重视基础研究的良好氛围。从税收优惠、政府采购、知识产权保护、风险投资、成果转化等多个方面提供制度保障，充分激发企业开展基础研究活动的积极性。参照我国现有的公益性捐赠税收优惠政策，给予大学、科研院所、民办非企业单位"公益性捐赠税前扣除资格"，鼓励社会力量直接捐助或成立基金，支持大学、科研机构开展基础研究。部市联合设立"世界领先科技园区前沿引领专项"，引导社会资本积极参与，支持原创性引领性科技创新。设立"重大关键技术攻关项目联合创新引导基金"，引导财政资金与风险投资联动，形成参与各方持续投入机制。

（三）引导企业加大基础研究投入

加强对企业总部研究院等高层次研发机构的建设，对设立企业总部研究院，大力投入前瞻性、引领性基础研究的企业实施财政、税收等优惠，支持其参与国家重大项目、重大科技基础设施和科技平台建设，建立企业主导的新型创新体系。强化基础研究税收政策试点的落实力度，对在中关村示范区注册的居民企业，当它们出资与国家或北京市自然科学基金联合设立开展基础研究和关键核心技术攻关的公益性基金的支出时，应允许其享受研发费用加计扣除政策的优惠。适当扩大企业基础研究税收优惠范围，激励企业成为基础研究投入与执行的重要主体。加强政策引导，支持银行为创新能力强、成长潜力大的科技型中小企业提供更多研发资金和流动资金，引导企业加强基础研究与开发。

二、加强原创性引领性关键技术研发攻关

（一）开辟发展新领域新赛道，塑造发展新动能新优势

出台行动方案或行动计划，加强政策引领性。制定实施基础研究领先行动方案，出台实施关键核心技术攻坚战行动计划，集聚力量进行原创性引领性科技攻关。加快进行前瞻性基础和前沿技术项目布局，形成重大项目群。紧紧把握国际前沿技术发展趋势，面向量子信息、6G、"互联网3.0"等重大前沿技术领域进行前瞻布局，开辟发展新赛道，努力实现与国际前沿技术"并跑"争取"领跑"，积极抢占科技竞争和未来发展制高点。依托新型举国体制，探索企业主导的产学研深度融合创新新范式，支持科技领军企业牵头组建体系化、任务型创新联合体。

（二）推动率先实现基础前沿领域领先和关键核心技术突破

大力推进关键核心技术攻关，努力实现在人工智能、量子信息、脑科学、集成电路等领域取得引领性原创成果的重大突破，更好发挥在科技园区高质量发展中的创新引领作用。加快发展新一代人工智能，着力推动大模型领域生成式算法、框架等原创性技术突破，以行业专有训练数据集为基础，打造重点领域的专业大模型，以高质量应用和数据反馈技术优化，帮助大模型迭代升级。推进量子信息前沿技术实现突破，围绕电子型量子计算机和全球量子网络等战略方向，实施量子领域关键技术攻关，支持实用化功能的专用超导量子计算机相关技术研发。支持持续开展脑科学与类脑研究，持续开展推

动新型细胞治疗、干细胞与再生医学等基础核心技术领域跨越式发展。加快集成电路产研一体研发，促进集成电路制造与研发设计服务一体化发展。推进关键新材料技术攻关、通用型关键零部件研发和高端仪器设备研发实现突破。

（三）面向全球打造通用人工智能创新发展高地

围绕国家、北京市关于加快新一代人工智能发展的战略部署，充分发挥中关村科学城人工智能产业优势，建立面向重大科学问题研究的 AI 范式，支持新型研发机构面向前沿领域的科学研究需求，建设适用于科学计算的人工智能框架模型、人工智能模型算法、领域数据知识和科学算力平台。协同支持人工智能芯片、高效数据处理、模型构建、训练、调优对齐、推理部署、应用等核心技术攻关。联合国内外权威科学家制定实施人工智能与科学的深度融合行动计划，提供顶层谋划、实施路径和选题建议。

三、布局高水平原始创新重大基础设施平台

（一）发挥桥梁型创新机构作用

推进建设一批面向未来产业关键技术突破的新型研发机构，探索多元化的新型研发机构出资模式，进一步优化科研力量布局，引导新型研发机构聚焦科学研究、技术创新和研发服务，推动科技创新和区域经济社会发展深度融合。促进国家实验室、全国重点实验室、高校、科研院所、新型研发机构和企业等多元创新主体协同发展，不断加强原始原创性引领性的科技攻关。支持新型研发机构和超大规模人工智能模型训练平台、区块链先进算力实验平台等重大科创平台设施建设，构建灵活高效的科研和成果转化机制。推动高校、科研机构成立一批汇聚顶尖科学家、优秀企业家和卓越工程师的产业开发研究院，注重吸引多主体参与，探索以创新形式覆盖"基础研究—技术研发—产品开发—产业化"完整链条，创造培育未来产业的新应用场景、新

消费需求，包容发展新产品、新技术、新业态。打造一批高水平"概念验证中心"，构建覆盖创新产业链前端的概念验证体系和产业化落地的科技成果转化创新生态。

（二）支持引进国际顶尖研发机构

支持知名跨国公司和国际顶级科研机构在园区首次设立实体化研发创新中心或开放创新平台，采取后补助方式给予分类支持。积极探索境外科研机构和科学家直接承担科技计划项目的新渠道、新方式，开展试点，不断完善。加大对国际科技合作类计划、专项、基金的支持力度，引导社会资本支持国际科技合作。积极探索科研经费跨境使用、境外职业资格认可、外资总部企业与高新技术企业认定等方面的政策创新试点。

（三）加快建设一批世界一流原始创新平台

强化对高精尖产业、未来产业技术的源头支撑，支持高水平研究型大学建设一批前沿科学中心和学科交叉中心。支持布局开放创新、具有国际影响力的基础学科研究中心，发挥高能级科技创新平台的引擎作用，加强基础学科的交叉创新，加快完善原始创新策源能力体系。紧密对接示范区内国家重点实验室，积极争取重组后的国家重点实验室落地。部署一批技术创新中心，加快形成跨领域、大协作、高强度的现代工程和技术科学研究能力。支持国家实验室、高水平研究型大学、科技领军企业与国外科研机构组建联合研究中心、设立海外研发中心，加快融入全球创新网络，提高科研国际化水平。

四、探索促进原始创新的体制机制创新

（一）持续探索提升原始创新能力的新路子

充分发挥国家服务业扩大开放综合示范区、中国（北京）自由贸易试验区建设的契机，推动中关村新一轮先行先试改革发挥最大效应，聚焦打通从

科学研究、技术开发到市场应用的创新链条，持续开展先行先试改革，发挥试点突破和压力测试作用，为不断提升原始创新能力探路子、出经验。用好现有经费统筹决策机制，实现科技资源精准投入，从基础研究、技术攻关到成果产业化进行全链条设计，形成全链式、一体化的攻关项目群，着力解决创新链产业链关键核心技术问题。加强"科技—产业—金融"循环的顶层设计，瞄准重点领域，明确主攻方向和核心突破口，建立健全跨部门协调联动机制，运用政策组合拳，全面提高资源整合配置、社会资本撬动、创新活力激发、知识产权保护等方面能力，形成对关键共性技术、前沿引领技术、现代工程技术、颠覆性技术创新的支持，加快科技成果转化和产业化进程。

（二）建立跨学科、跨领域、跨部门的产学研协同创新机制

推动重大科技基础设施开放共享，构建高校、科研院所、企业等各类主体参与的协同创新网络，形成以高校、科研院所、大科学装置及新型研发机构等为研发主体的协同创新机制，共同推进科学研究和技术攻关。构建跨部门"共同凝练科技需求、共同设计研发任务、共同组织项目实施"的高效协同机制。支持国家实验室、高校、科研机构、企业等联合建设若干跨学科、跨领域、跨部门的产学研共同体，共同承担"科技创新 2030—重大项目"等国家重大规划项目。集聚力量进行原创性引领性科技的有组织科研攻关，在国家重点急需领域构建龙头企业牵头、高校院所协同支撑的创新联合体。推动创新链、产业链、资金链、人才链以及政策链的深度融合。推进多学科交叉融合和多技术领域集成创新，强化多主体协同攻关和开放合作，促进不同部门工作人员的流动和跨部门培养，提升体系化能力。建立跨部门联席制度，实现教育、科技、人才一体化推进，促进三者的协同发展、螺旋互促和动能转化，在三者的良性互动、协调互促和衔接发展中更好地发挥"集成"功能，提升创新整体效能。

（三）改革原始创新科研组织模式和支持方式

抓好重大科技战略平台建设，培育中国的创新发展的动力。充分发挥中

关村科教资源优势，建设世界一流国家实验室体系，形成国家战略科技力量强大合力。全力做好对国家实验室的服务保障，推动国家实验室高质量运行，积极推动全国重点实验室优化重组，逐步推动市级重点实验室体系优化重组，建设北京怀柔综合性国家科学中心。园区内创新主体承担的中央或北京市财政科研项目，全面开展经费"负面清单+包干制"改革试点，可根据项目实际需要灵活设置支持周期。创新科研组织模式和运行机制，改变基于学科、项目的传统科研组织模式，更多采用基于科技创新问题和解决方案的科研新模式和新机制。推行"揭榜挂帅""赛马"等新型管理制度，推广科研经费"包干制"等。牵头发起和积极参与国际大科学计划和大科学工程，探索参与全球创新治理新模式和创新要素跨境流动便利化改革，推进高水平制度型开放。

第十一章

建设世界人才高地

第一节 为什么要建设世界人才高地

一、建设世界人才高地是赢得国际竞争主动权的必由之路

当前，新一轮科技革命和产业变革深入发展，世界百年未有之大变局加速演进。在逆经济全球化、国际竞争日益激烈的背景下，我国发展面临新的战略机遇与挑战。习近平总书记在欧美同学会成立 100 周年庆祝大会上指出，"我们比历史上任何时期都更接近实现中华民族伟大复兴的宏伟目标，我们也比历史上任何时期都更加渴求人才"①。实现我们的奋斗目标，高水平科技自立自强是关键。综合国力竞争说到底是人才竞争，人才是衡量一个国家综合国力的重要指标。中国要想在国际竞争中赢得主动，就得依靠人才支撑

---

① 习近平：在欧美同学会成立 100 周年庆祝大会上的讲话[EB/OL]. http://cpc.people.com.cn/n/2013/1021/c64094-23277634.html[2013-10-21].

和创新驱动，必须加快建设世界重要人才中心和创新高地，更好地在全球范围内吸引人才、留住人才、用好人才，为奋力实现中华民族伟大复兴汇聚磅礴力量（谢敏振，2022）。

二、建设世界人才高地是实施人才强国战略的谋划布局

人才是实现民族振兴、赢得国际竞争主动的战略资源，是全面建设社会主义现代化国家的基础性、战略性支撑。2021 年 9 月，习近平总书记在中央人才工作会议上提出新时代人才强国战略的奋斗目标，"加快建设世界重要人才中心和创新高地，为 2035 年基本实现社会主义现代化提供人才支撑，为 2050 年全面建成社会主义现代化强国打好人才基础"。会议明确："到 2025 年，全社会研发经费投入大幅增长，科技创新主力军队伍建设取得重要进展，顶尖科学家集聚水平明显提高，人才自主培养能力不断增强，在关键核心技术领域拥有一大批战略科技人才、一流科技领军人才和创新团队；到 2030 年，适应高质量发展的人才制度体系基本形成，创新人才自主培养能力显著提升，对世界优秀人才的吸引力明显增强，在主要科技领域有一批领跑者，在新兴前沿交叉领域有一批开拓者；到 2035 年，形成我国在诸多领域人才竞争比较优势，国家战略科技力量和高水平人才队伍位居世界前列。"（习近平，2021）党的二十大报告也提出，"加快建设世界重要人才中心和创新高地，促进人才区域合理布局和协调发展，着力形成人才国际竞争的比较优势"①。加快建设世界重要人才中心和创新高地，明确了中国在未来全球人才发展版图中的角色定位，是立足更高起点、瞄准更高层次、锚定更高目标，对全面深入推进人才强国战略做出的科学思考和谋划布局，对全面建成社会主义现代化强国意义重大。

---

① 习近平：高举中国特色社会主义伟大旗帜 为全面建设社会主义现代化国家而团结奋斗——在中国共产党第二十次全国代表大会上的报告[EB/OL]. https://www.gov.cn/xinwen/2022-10/25/content_5721685.htm[2022-10-25].

三、建设世界人才高地是中关村落实国家和北京发展战略的必然选择

2021 年 9 月，习近平总书记在中央人才工作会议上提出"加快建设世界重要人才中心和创新高地，需要进行战略布局。综合考虑，可以在北京、上海、粤港澳大湾区建设高水平人才高地……开展人才发展体制机制综合改革试点"（习近平，2021）。2021 年 10 月，北京市提出要在加快建设世界重要人才中心和创新高地上走在前列。在北京等地建设高水平人才高地，开展人才发展体制机制综合改革试点。同年，北京市委人才工作会议对北京建设高水平人才高地作出了重大部署，强调要把建设战略人才力量作为重中之重，切实增强建设高水平人才高地的责任感、紧迫感，以首善标准抓好人才工作，以钉钉子精神推动各项重点任务落地落实，力争率先建成高水平人才高地。对北京而言，打造高水平人才高地是基于国家战略、城市发展定位、高精尖经济结构要求和在京津冀协同发展中发挥"一核"辐射带动作用的必然选择。人才高地建设的责任感、紧迫感越来越重，中关村作为全国第一个人才特区和人才政策先行先试的引领者，迫切需要完善现有的人才政策与制度体系，加快构建具有吸引力和国际竞争力的人才制度体系，从而形成首都人才制度体系的国际竞争优势，为北京人才高地建设率先突出重围提供重要保障，为我国建设世界人才中心和创新高地提供重要战略支撑。

四、吸引集聚高水平创新人才是建设世界人才高地的内在要求

"十四五"时期是北京着力推进国际科技创新中心建设的关键时期，激发各类人才创新创业活力、建设高水平人才高地则是推进国际科技创新中心建设的关键所在。2023 年北京市政府工作报告提出，"实施高水平人才高地建设方案，面向全球招贤引才，提高人才自主培养能力，造就更多大师、战略科学家、一流科技领军人才和创新团队、青年科技人才、卓越工程师、大

国工匠、高技能人才，努力打造世界一流人才之都"[①]。人才高地是人才的数量规模、整体素质、结构比例、产出效能、政策环境等方面具有比较优势的区域，中关村建设世界人才高地，需面向全球吸引集聚一大批高水平创新人才，构建完备的创新人才梯次结构，不断提升对国际国内人才的吸引力和开放度，持续提升人才集聚度活跃度与贡献度，以人才引领带动中关村高质量发展。

第二节　建设世界人才高地面临的现状

中关村科技园区作为我国第一个国家级人才管理改革试验区，不断推进具有国际竞争力的人才体制机制改革和政策先行先试，集聚培养了一大批高素质专业化的创新创业人才队伍。然而，随着发展，一些挑战也逐渐显现，如战略人才队伍建设有待加强、激发人才创新的体制机制有待健全、国际化人才集聚能力有待提升、人才创新生态与服务保障有待优化等。

一、战略人才队伍建设有待加强

中关村科技园区围绕人才引进、使用、激励、服务等方面推出了一系列先行先试政策，有效集聚了一大批高层次创新人才。一是人才高端化特征明显。截至 2021 年底，北京市聚集了两院院士 853 人，入选国家、北京市各类人才项目的有 5000 余名（北京市人力资源研究中心，北京人才发展战略研究院，2022）。北京高被引科学家优势明显，2022 年共有 339 名科学家入选，位列全国首位；《国际科技创新中心指数 2021》显示，北京拥有顶级科技奖项获奖者 5 人，占全国的 1/3。北京生命科学研究所所长王晓东获 2020 年费萨尔国王国际科学奖；北京量子信息科学研究院院长薛其坤获菲列

兹·伦敦奖，成为首个获该奖项的中国科学家。聚焦前沿科技领域，通过建立新型研发机构、创新型企业等平台，并借助战略科学家顾问等机制，吸引诺尔贝奖获得者、计算机界知名人士等国际高层次人才和团队，加入北京量子信息科学研究院、北京智源人工智能研究院、百度研究院等。二是以人才工程集聚培养领军人才与青年人才。持续实施中关村高端领军人才聚集工程，在中关村科技园区内遴选新一代信息技术、集成电路、医药健康、智能装备、节能环保、新能源汽车、新材料、人工智能、软件和信息服务、科技服务等领域的首席科学家、创新领军人才，形成了"高端引领、带动全局"的发展格局。继续深入实施中关村雏鹰人才工程，针对青年创新创业者给予资金支持，创业者呈现年轻化、高学历特点，为优化创新创业人才队伍结构提供了战略后备力量。三是因地制宜实施区域特色引才计划。中关村科技园区各分园依托各区特有人才计划集聚各类优秀的高层次人才，如海淀区"海英计划"、朝阳区"凤凰计划"、西城区"百名英才"计划、通州区"灯塔计划"和"运河计划"、亦庄"新创工程"等。

中关村科技园区通过人才政策、计划与项目培养锻炼了一支底数充裕、富于创新的人才队伍，但能引领未来科技发展的战略人才队伍后劲不足，主要表现在以下三方面。

一是缺少引领型的"帅才"。《国际科技创新中心指数2021》显示，美国15个样本城市（都市圈）共集聚了198位顶级奖项获得者，平均每个城市（都市圈）拥有13.2个；而北京仅拥有5个。在高被引科学家比例方面，美国城市平均值高达4.61%，全球城市平均值3.14%，其中波士顿以6.77%居首位，旧金山—圣何塞、圣迭戈、西雅图—塔科马—贝尔维尤、阿姆斯特丹均超过5%；而北京仅为2.24%，全球排名第32（伊彤等，2022）。

二是高水平后备人才培养不足。受落户难、房价高等因素影响，近年来已就业应届毕业生中在京就业占比连续呈小幅下降趋势。2019年就业质量报告显示，北京大学、清华大学本科毕业生留京率都不到两成，其中北京大学（校本部）为16.07%，清华大学为18.20%；而2013年，北京大学本科生留京率曾高达 71.79%，清华大学本科生留京率为 30.7%^①。而硅谷作为全球公认的高水平人才高地，知名高校和科研机构汇聚了大批顶尖技术人才与创新创业人才，更有利于激发创新活力。2020 年，硅谷的 QS 世界大学排名前 30、前 200 和全球自然指数 200 强科研机构分别为 3 所、7 所和 12 所，均高于中关村的 2 所、2 所和 6 所（图 11-1）。2020 年，硅谷地区学校签发 F-1 签证 5.7 万个。2020 年，加利福尼亚大学伯克利分校本科生、研究生国际生比例分别是 13%、24%，斯坦福大学本科生、研究生国际生比例分别是 13%、31%。此外，硅谷营造了良好的创新创业生态，2017 年加利福尼亚大学伯克利分校和斯坦福大学分别走出了 1089 名、1127 名创业家，961 家、957 家创业公司，而清华大学、北京大学 2018 年分别仅有 0.82%、0.42%的毕业生创业（北京市人力资源研究中心，北京人才发展战略研究院，2021）。

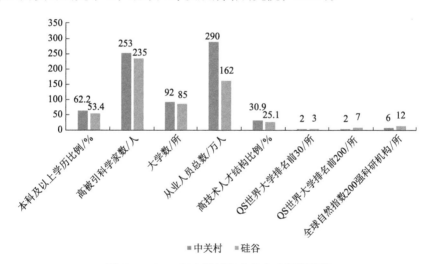

图 11-1　2020 年中关村和硅谷人才资源情况

注：鉴于中关村高被引科学家数、大学数和高技术人才结构比例数据难以获得，使用北京地区数据进行替代

资料来源：北京市人力资源研究中心和北京人才发展战略研究院（2021）

　　三是重点领域顶尖人才储备不足。在 2022 年科睿唯安发布的"高被引科学家"名单中，美国有 2764 人次入选，占比高达 38.3%，而中国^②仅有 1169

人次入选，占比仅为 16.2%，显示出两国在高被引科学家数量上的差距。其中，美国哈佛大学是入选人次最多的科研机构，入选 233 人次；中国科学院与清华大学分别以 228 人次、73 人次进入科研机构榜单前十①。国内上榜的科学家以医学、材料科学、工程学居多，中关村作为首都高端人才的集聚地，在计算机科学、临床医学、微生物学、免疫学等方向人数偏少。

二、激发人才创新的体制机制有待健全

中关村科技园区深入实施《关于深化中关村人才管理改革 构建具有国际竞争力的引才用才机制的若干措施》等政策，优化国际人才出入境、引进、兴业、服务机制，建立优秀人才引进"绿色通道"，努力形成"聚天下英才而用之"的政策环境与制度优势。

一是"聚天下英才而用之"的政策体系持续突破。人才评价方面，率先建立高端领军人才职称直通车评价机制，对高层次、急需紧缺、特艺人才进行高级职称认定，并探索人工智能、技术经纪、知识产权等新职业新群体职称制度改革。人才激励方面，国有企事业单位在引进或聘用经市级人才主管部门认定的海内外高层次人才时，可根据国际薪酬标准，采用年薪制、协议工资制等灵活的支付方式；对市属高校、科研机构、医疗卫生机构等事业单位中符合条件的全时全职承担重大战略任务的高层次人才，允许采取年薪制、协议工资制、项目工资制等灵活多样的分配形式。人才流动方面，一方面通过优化科研人员因公出国审查、审批、备案等工作流程、开辟审批护照签证一体化服务通道等方式为国内高层次人才提供出入境便利；另一方面通过特殊政策办理外籍人才永久居留及签证、来京探望亲属、洽谈商务、开展科教文卫交流活动及处理私人事务等居留许可等方式为外籍人才提供居留便利。

---

① 科睿唯安. 2022. 【重磅】科睿唯安发布 2022 年度"高被引科学家"名单，遴选全球顶尖科学人才 [EB/OL]. https://mp.weixin.qq.com/s?__biz=MjM5ODAxNjcyNA==&mid=2651755778&idx=1&sn=c9532e570 f510de5a3e3690571ac926d&scene=21#wechat_redirect[2022-11-15].

二是通过政策环境与制度优势提升人尽其才效能。从企业贡献来看，2021 年度中关村科技园区企业专利授权量 9.2 万项，占全市专利授权量的六成以上。从人才贡献来看，2021 年度中关村科技园区万人发明专利授权量为 138 件，远高于北京万人发明专利授权量（74 件）。2021 年度中关村科技园区从业人员人均报酬为 29.2 万元[①]，远高于北京市在岗职工 20.2 万元/年的平均水平。

中关村尚需深化完善"聚天下英才而用之"的政策优势与制度体系，主要表现在以下三个方面。

一是人才评价方面，破"四唯"与"立新标"尚未完全衔接。分类科学、适合不同行业特点、工作职能、不同梯队层级要求的考核评价体系不够完善，对于青年人才的评价体系与评价周期设置不科学。人才评价重数量轻质量，无法全面、准确反映人才的实际贡献，且评价主体和手段比较单一。存在"人才帽子"与科技资源分配、物质利益挂钩等现象，"帽子"仍是影响人才评价的重要因素之一。

二是人才激励方面，主要表现在激励方式较为单一、激励效果难以评估、精神激励作用发挥不足、激励政策落地难操作等问题。以增加知识价值为导向的收入分配政策有待进一步落地。人才激励更多覆盖于功成名就的高层次人才，对于青年人才的激励保障力度不够，政策上也没有予以倾斜。

三是人才使用方面，虽然政策明确提出给予战略科学家和项目负责人更多技术路线决定权和经费使用权，但由于受到"官本位""行政化"等因素影响，习惯于用资金、项目、编制管人才（孙锐，孙彦玲，2023），一些阻碍创新的规则使得人才难以充分发挥作用。

三、国际化人才集聚能力有待提升

中关村科技园区实施一系列开放包容的外籍人才政策，采用多元化方式

[①] 北京市科学技术委员会、中关村科技园区管理委员会，北京市统计局，中关村创新发展研究院. 2022. 中关村国家自主创新示范区发展数据手册（2022）[DB].

招才引智，聚集全球创新人才卓有成效。一是便利外籍人才来京创新创业。深入实施"中关村国际人才新政20条"，推动扩大外籍高层次人才"绿卡直通车"范围，截至2020年底，已有超过4000名外籍高层次人才获得永久居留权[①]。鼓励国（境）外科学家参与本市科技创新，支持外籍科技人才领衔和参与科技项目。鼓励外籍高端人才在京创业，持有永久居留身份证的外籍人才在创办科技型企业方面可享受中国国民待遇，优化外籍人员在中关村创办科技型企业的审批流程。二是依托活动和项目汇聚国际人才。推动重点项目"以赛代评"，举办HICOOL全球创业者峰会，2020～2022年吸引近100个国家和地区的14 834名创业人才参赛（北京市人力资源研究中心，北京人才发展战略研究院，2022）。建设中关村国际青年创业平台，吸引汇聚全球青年创新创业人才及国际高端创新要素到中关村创新创业。北京海外学人中心举办"海外英才北京行活动"暨新时代海外英才论坛；开展"海星·创业营"和"海星·成长营"系列活动，助力海外人才来京创业发展。三是依托各类人才平台加速海外人才"回流"。海外留学生回国数量持续增长，截至2021年，中关村科技园区拥有留学归国及外籍从业人员累计达6.6万人。通过打造怀柔科学城大学科学装置和研发平台，面向全球顶尖科学家及创新团队开放，截至2023年11月，怀柔科学城已聚集科研人员1.8万人[②]。

中关村科技园区通过人才新政及项目、活动、平台等载体集聚国际人才成效显著，但人才国际化水平仍与领先科技园区存在较大差距，主要表现在以下两方面。

一是国际人才集聚程度不高，从业人员多元化程度有待提升。在北京长期从事科技创新工作的外籍人才不足3万人，常住人口中，外籍人才占比不足1%。按中关村科技园区拥有留学归国及外籍从业人员6.6万人（截至2021

---

① 中共北京市委外事工作委员会办公室，北京市人民政府外事办公室，北京市人民政府港澳事务办公室. 2020. 参考消息：外籍人士感受北京"国际范"[EB/OL]. https://wb.beijing.gov.cn/home/ztzl/gjjwzxgnjx/tptj/202011/t20201127_2152686.html[2020-11-09].

② 赵利新. 2023. 怀柔科学城已聚集科研人员1.8万人[EB/OL]. http://epaper.bjnews.com.cn/html/2023-12/20/content_839101.htm[2023-11-20].

年）①计，约占从业人员总数的2.3%。硅谷自1998年以来国际净移民数始终在1万人以上，2020年国际净移民数达1.64万人。巨大的高水平人才顺差造就了硅谷从业人员高达48%的外籍人才比例，其中技术从业人员中外籍人才占64%（图11-2）。数据显示，中关村科技园区海外人才集聚程度与硅谷相差悬殊。此外，硅谷的外籍人才在种族上具有多样化特点，以2019年数据为例，在硅谷总人口中，亚裔占35.3%，白人占32.7%，拉丁裔占24.7%（北京市人力资源研究中心，北京人才发展战略研究院，2021），其中亚裔已成为硅谷人口中数量最多的种族。

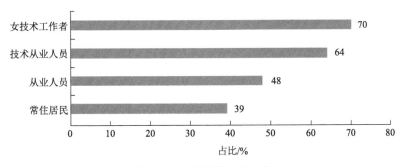

图11-2　硅谷外籍人才比例

资料来源：据硅谷联合投资、硅谷社区基金会发布的《硅谷指数2021》绘制

　　二是海外人才服务体系有待健全。一是服务范围有待拓展。目前"点对点"全程代办服务模式可以有效覆盖顶尖海外人才群体，但针对一般持R字签证或工作签证海外人才的服务无法完全覆盖。二是服务流程有待进一步优化。海外人才来京工作需经过工作许可通知申请、签证申请、工作许可证申请、工作居留申请、体检及住宿登记等多个环节，在所有环节办理非常顺畅的情况下，人才从准备来京到证件办理完毕需要3个月，导致急需紧缺人才难以快速引进（北京市人力资源研究中心，北京人才发展战略研究院，2021）。

---

① 北京市科学技术委员会、中关村科技园区管理委员会，北京市统计局，中关村创新发展研究院. 2022. 中关村国家自主创新示范区发展数据手册（2022）[DB].

四、人才创新生态与服务保障有待优化

中关村科技园区不断优化完善有利于人才创新创业的工作环境、宜居环境与服务保障。一是持续改善创新创业生态。建设技术转移中心、硬孵化器和成立成果转化支持基金、出台金融支持政策等。美国知名创新政策咨询公司基因创业发布的《2022 全球创业生态系统报告》显示，北京位列第 5，"领跑"亚洲[①]。《2023 "中国 100 城"城市创新生态指数报告》显示，北京是2023 年全国创新生态最好的城市，具有发展科技产业、打造创新生态的独特优势[②]。北京方迪经济发展研究院等发布的"中关村指数 2022"显示，中关村创新创业生态指数提升明显，成果转化与孵化指数增势强劲，创业活力指数稳步提升[③]。二是人才服务保障水平及能力持续提升。通过建设国际人才公寓、引进国际高端医疗机构、布局国际化服务设施等，加快推动朝阳望京、中关村科学城、未来科学城、石景山首钢等 8 个国际人才社区建设。为人才提供医疗、住房、子女教育等优质服务保障体系，如中关村新兴产业前沿技术研究院打造"科学家社区"，从交通、教育、医疗、商业配套、住宅建设等方面构建"舒适、健康、便利"的生活社区。

中关村在创新生态、宜居环境等方面持续改善提升，但城市品质与服务保障与世界领先科技园区存在一定差距，主要表现在以下两方面。

一是宜居性对人才吸引力仍显不足。北京人才发展战略研究院《全球城市人才黏性指数报告（2022）》显示，北京在全球城市中的综合得分排名第 6，主要优势为科技创新，但在生态健康、文化开放、社会福利、公共生活方面

① 199IT 互联网数据中心. 2022. 2022 全球创业生态系统报告[EB/OL]. https://mp.weixin.qq.com/s?__biz=MjM5NjAxMzgwMA==&mid=2651746032&idx=1&sn=aec295cb1380b5c04acafb4eee413526&chksm=bd157d778a62f461c7250815ef070bf32bddfc73993e869d06d51f0b7860c398b1a5b4f7f722&scene=27[2022-07-20].
② 上观. 2023. 独家首发！2023 年"中国 100 城"城市创新生态指数来了[EB/OL]. https://www.jfdaily.com/sgh/detail?id=1153123 [2023-10-17].
③ 国际科技创新中心. 2022. "中关村指数 2022"发布，中关村示范区原始创新策源能力显著增强[EB/OL]. https://www.ncsti.gov.cn/kjdt/xwjj/202212/t20221222_105146.html[2022-12-22].

分别排名第 25 位、第 58 位、第 41 位和第 90 位[①]。这表明，北京对人才的吸引力仍显不足。

二是针对不同梯次人才尚未形成差异化的人才服务保障体系。目前的人才政策主要集中于为高端人才提供奖励、户口办理、住房支持、科研项目支持等方面，而对于骨干人才与青年人才的服务保障则显得不足，比如，缺少对青年人才长周期稳定性的科研资助、缺少对青年优秀人才的住房保障与子女教育服务等。

第三节　建设世界人才高地的对策建议

通过打造梯次合理的战略人才队伍、深化人才发展体制机制改革、加快推进人才双向开放、提供精准施策的人才服务保障，加快推进中关村示范区建设世界人才高地。

一、打造梯次合理的战略人才队伍

一是汇聚全球顶尖人才。围绕高精尖经济结构建设，充分发挥跨国猎头、国际知名人才中介服务机构的作用，瞄准诺贝尔奖获得者、首席科学家等国际顶尖科学家及创新团队，依托国家实验室、全国重点实验室、新型研发机构等创新平台，在全市高精尖产业引进全球顶尖战略人才、科技领军人才及高水平创新团队来京发展。依据首都基础研究与产业发展实际，重点关注前沿领域、关键领域研究的高被引科学家，对接需求精准引才。遴选培育本土有望在原始创新领域取得重大原创成果、产业颠覆性创新、形成世界影响的科技领军人才，支持自由探索性研究。同时，发现和培养更多具有战略科学家潜质的高层次复合型人才，形成战略科学家成长梯队。

---

① 杨晓冬，房鸿宇. 2023. 全球城市人才黏性指数报告：探索建立以大科学装置为核心的聚才高地 [EB/OL]. https://www.zuzhirenshi.com/detailpage/ca990f04-5035-4c62-9830-d41307a12376 [2023-06-27].

二是储备培育青年优秀人才。靶向引进一批 40 岁以下有国际影响力的杰出青年人才。大力培养"青年北京学者""高校卓越青年科学家"等本土杰出青年人才。支持青年优秀人才挑大梁、打头阵、当主角，慧眼识才、大胆用才，提供与其能力相匹配的重要岗位，扩大支持范围，加大支持力度。支持国家级科研机构、新型研发机构"择优滚动支持"重点领域青年人才。建立全球优秀青年人才联络机制，支持海外优秀青年人才来京发展。积极吸引国内外优秀博士毕业生在国内从事博士后研究。支持企业深度参与高校青年人才培养，探索投资建设实验室、科研基地等产学研合作人才培养模式。

三是强化培育基础研究人才。瞄准重大原创基础前沿、关键核心技术、重大基础设施、高端通用仪器的科学研究与设计研发，支持开展基础研究人才计划，稳定支持在自然科学领域取得突出成绩且具有创新潜力的人才，造就一批具有国际影响力的科学大师、学科带头人和青年科学家等优秀研究群体。支持高校、科研院所和有条件的企业共建基础研究团队。鼓励发起国际大科学计划和大科学工程，吸引海外顶尖科学家和团队参与。

四是培育科技成果转移转化人才。制定实施科技成果转移转化人才培育计划与专项支持政策，建立高校、社会机构联合的"学历教育+职业教育+继续教育+创新教育"四位一体的人才培养体系。提高人才在科技成果收益分配、落户、职称评定等方面的待遇，适当放宽科技成果转移转化人才的资质认定限制，扩大职称系列范围。

二、深化人才发展体制机制改革

一是健全创新导向的人才评价机制。"破四唯"和"立新标"并举，树立以创新价值、能力、贡献为主的人才评价导向，设立科学的人才分类评价体系，"基础前沿研究突出原创导向，社会公益性研究突出需求导向，应用技术开发和成果转化评价突出市场导向"（习近平，2021）。实施岗位分类设置、分类评聘，形成基于不同类型岗位、突出成果的评价模式，畅通不同系列岗位发展通道。遵循人才发展规律，基于战略科学家、科技领军人才、青年人才等不同成长阶段特点设置相应的评价标准与评价方式，采用规范化的国际同行评议制度，建议青年人才要采取长周期低频次的评价考核周期。探索职称制度分类改革，创新评价标准和方法，加大职称评审权向用人主体放权的力度，促进评价由重"量"向重"质"转变，增强代表作评价比重。

二是完善价值体现的人才激励机制。坚持以增加知识价值为导向的收入分配政策，重点支持高层次人才集中、知识技术密集、承担重大任务的单位，尤其是承担科研任务较多并作出突出贡献的人才。鼓励对高端人才、优秀青年科学家等高层次人才实行年薪制、协议工资制和技术入股等多种分配方式，设立岗位特殊津贴和弹性福利制度。针对青年人才，可以设立青年科学奖、杰出青年奖等奖项予以激励；也可以参照顶尖人才、领军人才在表彰、住房保障、生活保障等方面的激励方式，设计不同的激励标准。

三是完善以人为本的人才使用机制。建立以信任为基础的人才使用机制，建立健全责任制和"军令状"制度，尊重人才的科研自主权，允许创新失败并宽容失败。完善科学家本位和以人为本的科研组织体系，实施"揭榜挂帅""赛马"制度（习近平，2021），"挂帅"不唯职务职称只看本领，用好用活各类人才。赋予战略科学家、科技领军人才更大技术路线决定权、经费使用权和资源调度权，推行技术总师负责制、经费包干制、信用承诺制，发挥人才创新能力和探索精神，切实做到不论资历、不设门槛，让优秀人才有用武之地。

三、加快推进人才双向开放

一是实施更加开放积极的政策用好海外英才。建立以智力交流为特征的"国际人才柔性流动"制度，通过实施国际重大科研攻关合作计划、支持高端人才离岸创新、设立海外研发机构、建立联合实验室等方式，设置流动或创新特设岗位，促进人才横纵向流动。鼓励各类创新主体聘用海外人才来京工作，支持海外人才申请市级科技计划项目及与本市科研机构及团队开展实质合作。扩大海外人才申请永久居留对象范围，对外籍高层次人才工作团队及辅助人员，放宽签证和居留许可政策支持，给予海外人才出入境便利；针对海外高层次人才与急需紧缺人才，开通海外人才审批绿色通道，简化办理流程，加快办理进度。推进与国际组织、相关国家开展同等水平类职业资格互认，开展国家职业资格认证与国际认证考试合作。为海外人才搭建良好的创新创业平台，提供资金支持、政策优惠与咨询、融资、生活配套等各类配套服务。

二是开辟多元化的人才"走出去"发展渠道。扩大开放和国际合作，培养和聚集国内外优秀创新团队与优质资源，支持科研院所、高校、企业开展国际交流、项目共建等实质性合作。为优秀人才搭建新颖多样的交流合作和学习平台，提供出国研讨、访问和进修的机会，优化国内人才出境审批流程，提供政策和资金支持国际合作项目等。支持领军企业建立海外"人才飞地"，积极建立开放实验室平台，通过"人才+项目+基地"运行模式鼓励国内优秀人才去海外学习和深造（汪怿，2021）。

四、提供精准施策的人才服务保障

一是健全人才服务体系。持续为人才发展减负松绑，赋予高端人才技术路线决策权、科研经费使用自主权、创新团队组建权，放宽人才引进认定权、户籍指标配置权、薪酬待遇自主权、税收优惠政策等。改革科研人员管理机制，简化科研项目申报与管理流程，改进财务报销管理方式，健全科研绩效管理模式，减少科研人员行政性和事务性干扰。

二是提供生活保障。重点解决高层次人才和青年优秀人才落户、住房、子女教育、医疗保障等问题。住房方面，构建多层次人才安居住房保障体系，按照职住平衡要求，以新建、租赁、改建、收购、补贴等方式解决关键人才、骨干人才、青年优秀人才住房问题。子女教育方面，优先保障高端人才子女入学，协助海外高端人才在国际学校就读。医疗保障方面，为高端人才开通市三甲医院及国际医疗部医疗服务，提供商业医疗保险。

三是完善生态环境。弘扬自由探索、大胆创新、勇攀高峰的研究精神，深化尊重科学规律、宽容失败的社会共识，营造科学民主、学术自由、严谨求实、开放包容的创新氛围。持续营造适宜海内外人才发展、多元融合的"类海外"环境，在完善基础设施、商业、文化、居住等配套服务的基础上，打造多元文化、宜居生活、贴心服务的国际人才社区，实现创新创业、多元文化融合的良好氛围与生态。

第十二章

发展全球领先的产业集群

第一节 为什么要打造全球领先的产业集群

一、全球产业链供应链体系加速重构

随着新一轮科技革命和产业变革的深入发展，新兴技术及其产业化应用推动国际生产和贸易体系加快重构，全球产业链呈现出数字化、绿色化、融合化的新趋势。受大国竞争叠加新冠疫情的冲击影响，基于全球价值链的国际分工范式和一体化生产网络暴露出其固有的脆弱性，全球产业链供应链的部分环节受阻中断，短链化和区域化的特征显现。

进入数字时代，企业具备更强的将产业链布局在数字化和智能化水平相近的区域内部的动机和意愿，创新型价值链的区域化倾向尤为明显，致使技术密集型产业区域集聚效应凸显。受益于区域内部便利化、机制化的贸易条件，区域化不仅有利于巩固产业链韧性，还会因产业内分工深化而扩大中间

品和最终产品的贸易。产业链区域化对新型区域贸易协定产生了越来越多的制度需求，顺应这一趋势，近年来全球治理的区域性机制不断增强，其中不乏全面与进步跨太平洋伙伴关系协定（CPTPP）、欧盟与日本签订的《欧日经济伙伴关系协定》（FPA）等一批新型高水平的自由贸易协定（FTA）以及区域全面经济伙伴关系协定（RCEP）等覆盖面广、成员多样化程度高的区域自贸协定。随着全球价值链裂解为多条区域价值链，产业链出现了区域化与短链化同步的趋势，进一步拉大了国家之间的分化。这种趋势持续作用的结果会使发展中国家利用比较优势获得全球化红利的机遇减少，传统的后发赶超道路受阻，特别是深陷数字鸿沟的欠发达国家有可能被排斥在新型国际生产体系和全球产业链之外，加剧了世界经济发展不平衡的矛盾，导致现行多边体制被碎片化和边缘化。

一方面，新科技革命影响制造范式和生产组织方式的变革，应对气候变化等人类共同挑战推动国际生产和贸易加快向数字化、绿色化转型；另一方面，传统多边体制与全球治理模式的局限性、新兴经济体崛起引发国际力量对比深刻调整，以及重大突发性风险事件正在改变全球产业链供应链体系所处的外部环境，诸多复杂因素相互交织叠加，不断强化政府和企业对产业链韧性的偏好，维护产业链供应链安全的战略意义凸显。

二、主导产业的核心技术争夺战空前激烈

世界各主要经济体围绕前沿关键技术展开前所未有的激烈竞争，并进一步强化顶层设计和资金投入。美国参议院通过的《2021 年美国创新和竞争法案》，将科技投入上升为国家战略，拟投资 1900 亿美元于芯片、锂电池、人工智能、量子等关键技术；《2022 财年国防授权法案》批准科技研发费用 147 亿美元，重点投资微电子、高超声速、人工智能和 5G 等 "先进能力赋能器" 技术。欧盟 2022 财年研发和创新投入约 131 亿欧元，设立欧洲创新理事会，并计划在未来 7 年额外投资逾 100 亿欧元于自我感知人工智能、细胞和基因治疗、绿氢和活性材料等绿色、数字和健康技术。日本在 2022 财年投入 107

亿美元用于科研预算，重点投资人工智能、大数据、物联网量子技术、太空技术等领域。此外，法国发布"未来投资计划"、英国发布《英国创新战略》、澳大利亚发布《关键技术蓝图》，为各国战略技术发展指明了方向和路径。

三、各国正在抓紧布局未来产业

在世界百年未有之大变局中，科技创新是最大的变量。全球新一轮科技革命和产业变革持续深化，科学技术诸多领域呈现出多源爆发、交汇叠加的"浪涌"现象，量子、生命科学等前沿领域突飞猛进，数字技术强势崛起，未来科技和未来产业成为大国激烈争夺的新焦点。发达国家纷纷加强对未来的布局，未来产业已成为衡量一个国家、一个地区、一个城市科技创新和综合实力的重要标志。2019 年 2 月，美国白宫科学和技术政策办公室（OSTP）发布的《美国将主导未来产业》中，涵盖人工智能、先进制造业、量子信息科学和 5G 四项关键技术。2019 年 11 月，欧盟委员会发布《加强面向未来欧盟产业战略价值链报告》，计划提高自动驾驶汽车、氢技术及其系统、智能健康、工业互联网、低碳产业、网络安全六大战略性和面向未来产业的全球竞争力与领导力。2020～2021 年，欧盟先后发布《欧洲新产业战略》《工业5.0：迈向可持续、以人为本、富有韧性的欧洲工业》《塑造欧洲的数字未来》等，建立以数字解决方案为动力的欧洲社会。德国发布《国家工业战略 2030》，旨在加强人工智能、生物科技等新技术研发，在全球范围内维护德国工业的技术主权。日本发布《第 11 次科技预测调查综合报告》《产业技术愿景 2020》，以 2040 年为目标，绘制了"科学技术发展下社会的未来图景"，并确定了生命科学、生物技术、信息与通信技术等 16 个科技领域。法国发布《使法国成为突破性技术经济体》报告，前瞻未来产业发展趋势，提出未来产业应依托的关键技术，强调信息、生物、材料、能源等新技术的重要性。英国发布《绿色工业革命十点计划》，丹麦发布《绿色研究、技术和创新投资战略》等整体战略规划，以支持绿色工业发展。韩国也发布了包括《未来汽车推广与市场领先战略》等的一系列策略。

四、实现产业领先是世界科技强国的主要经验

通过领先产业实现领先战略，进而步入世界科技强国，是历次工业革命过程中各发达国家实现超越发展的总体经验。科技园区是培育领先产业的主要阵地，通过促进高科技产业化，来实现产业的引领地位和经济财富的增长。美国、德国、日本等分别在硅谷、128 号公路、慕尼黑科技园、海德堡科技园、九州硅岛、筑波科学城等知名科技园区，成功培育了若干个世界领先产业集群，并催生了一大批影响世界、改变人类生产生活方式的全球知名企业，从而带动了这些国家实现产业跃升和强国战略。

美国作为第二次工业革命的代表性国家之一，发明了电动机，在电力、交通运输（汽车、飞机）、远程通信等领域取得了世界领先地位。在第二次世界大战后，美国又引领了第三次工业革命，突破了原子能的应用，并确立了以电子技术、生物技术、先进制造、信息等为核心的高技术产业，这些产业成为推动经济增长的新动力。自第二次工业革命以来，美国一直是新产业的创造和领导国，开辟出了一个个崭新的科技产业，并长期占据世界制造业领导型强国地位。美国硅谷在芯片设计、集成设备制造两个方面合计占全球半导体销售近 50%的份额。这里聚集了微软、谷歌、惠普、英特尔、苹果、思科、英伟达等一批占领全球价值链最高端的世界级企业，它们在信息技术、新材料、新能源、生物制药等领域独霸全球。美国主要依托硅谷、128 号公路、纽约硅巷、三角研究园等科技园区，实现了全球产业领先地位。主要做法是：通过产业扶持，开展核心技术领域攻关，加速实现商业化应用落地；构建产学研用的创新生态，建立大学、企业多元化协作的伙伴关系；吸引、发展和留住世界上最优秀的科学和工程人才，构筑集聚优秀人才的科研创新高地。

19 世纪末至 20 世纪初，德国抓住了第二次工业革命的机会，重点发展化学工业和电力工业，产生了一批世界级的科学家和工程师。到 20 世纪 70 年代，德国在生物学、材料科学、重离子研究等科学领域达到国际先进水平，实现了化工、医药、航空、汽车和机械制造等产业全球领先。两德统一后，

更是在生物技术、微电子技术等领域实现了全球领先，成为世界科学中心和科技强国。德国汽车占世界 1/5 以上的市场份额，拥有世界上最大的汽车零部件供应商博世，德马吉森精机是欧洲第一大机床集团，德国通快集团在激光加工领域排名全球第一，西门子在电子电气工程及工业自动化领域领先全球，化工制药领域拥有拜耳、默克等全球制药巨头。在机械制造业的 31 个部门中，德国有 27 个占据全球领先地位，共有 13 个部门位居全球前三。德国主要依托慕尼黑科技园、海德堡科技园、阿德勒斯霍夫科技园、奥格斯堡创业园区等科技园区，实现了全球产业领先地位。主要做法包括：以大型企业为依托的工业实验室使技术创新迅速推广，并形成生产力；始终重视技术标准工作，建立了一整套独特的"法律—行业标准—质量认证"管理体系；"工匠精神"造就了"隐形冠军"企业。截至 2016 年，世界上 2734 家"隐形冠军"企业中，德国有 1307 家，占 48%，是"隐形冠军"企业数量最多的国家。

20 世纪 50～80 年代，日本努力抓住第二次工业革命的尾巴，培育发展汽车、机电、机床等制造业，通过管理和制度创新，迅速实现经济腾飞。1972 年，日本超越联邦德国成为世界第二大经济体，丰田汽车公司的"准时制生产"甚至成为继"福特流水线"之后工业生产方式的又一大革命。相关数据显示，日本全国有约 70 万名科研人员，每年科研经费高达 1300 亿美元，位居全球第三。超过 40 家企业入围全球百强制造业企业，28 家企业入围全球百大创新科研企业名单，仅次于美国，日本工业用机器人产量占世界总产量的一半以上[①]。日本主要依托九州硅岛、筑波科学城、神奈川科技园、彩都生命科学园等科技园区，实现了全球产业领先地位。主要做法包括：制定国家政策对产业结构进行干预，不断借鉴、吸收、再创新国外先进技术及产品经验，把科技创新的重点放在应用研究和产品与工艺的开发上；政府在重大技术创新中发挥强有力的组织和协调作用，并采取市场保护、金融支持、财税扶持等措施给予支持；高度重视基础研究，以摆脱对国外技术的依赖。

---

① 闽哥科技. 2022. 日本的科技有多强？为何在这五大领域领先全球，真相原来是这样[EB/OL]. https://baijiahao.baidu.com/s?id=1740076322938021115&wfr=spider&for=pc[2022-08-03].

第二节　打造领先的产业集群面临的现状

一、世界级创新型企业数量有待提高

中关村科技园区创新型企业的质量、效益和规模总体来说偏弱，缺乏一批具有技术主导权和世界影响力的科技领军企业，以及一大批具有创新活力的科技型中小企业。企业研发投入总量不足、研发强度不高，科技龙头企业研发支出增速下滑，持续性领先技术供给不足。企业的专利数量、授权率、影响力和全球化与世界一流科技园区的企业存在差距，企业品牌价值有待提升，国际竞争力较弱。中关村科技园区入驻企业的数量虽多，但密度和增速优势不明显。从研发投入看，中关村科技园区上市营收 150 强企业研发投入不足硅谷上市营收 150 强企业的 1/5。

二、世界级产业集群较为缺乏

缺乏一批具有全球技术主导权和话语权的产业集群，产业规模占全球份额较小，单位面积产出效益有待进一步提升，产业链、供应链关键核心技术"卡脖子"局面依然严峻。产业链条不完整，产业格局不完善，某些领域高端制造业占比偏低，配套产业不完善，产业链活力和韧性有待提升。京津冀之间产业联动发展格局不健全，产业协作层次和水平还不够高，产业融合程度不深，产业融合范围不广。由于产业结构的固有缺陷，京津冀跨地区产业集群的"堵点"和"断点"问题较多，产业链上下游不能自由延伸扩展。区域内关联产业缺失，区域配套能力和配套水平不高，制约了京津冀产业协同发展的规模和档次，世界级产业集群发展的腹地受限。

三、主导产业关键技术突破尚需加强

数字经济底层技术控制力不强，大数据、人工智能、集成电路、云计算、区块链等方面的基础研究与国外相比存在明显差距，在数字经济、数字技术领域还面临来自欧美国家在政治、法律、技术等方面的竞争与遏制。中关村科技园区各分园产业引导机制不健全，管理机构职能有待加强，产业项目准入退出机制不够完善，产业发展布局不够科学，项目落地存在掣肘。

第三节　打造领先产业集群的对策建议

一、培育一批世界一流创新型企业

重点以强化企业科技创新主体地位为主线，加快培育中关村科技园区地标型企业和世界级原生企业，发展壮大科技型企业群体，加强企业主导的产学研深度融合，营造有利于企业发展的政策环境，打通从科技强到企业强、产业强、经济强的通道。

建立科技领军企业精准支持机制。实施旗舰企业培育计划，遴选培育具有国际影响力和竞争力的科技领军企业。建立科技领军企业动态清单，加强专业化跟踪服务，部市联动实施"一企一策"，在项目、基地、人才等方面给予差异化精准支持，形成一批主导全球产业链供应链价值链的"链主"企业。采用"特事特办"的方式切实解决现有企业在土地、人才、技术、资本等方面的实际困难，引导企业加大研发投入，加强研发费用加计扣除与税收返还的专业化服务支撑。鼓励科技领军企业牵头探索企业主导型的科技创新模式，围绕产业发展的关键核心技术和前沿颠覆性技术，开展协同研发攻关、成果应用推广、行业标准创制、高价值专利池建设等。

完善各类科技型企业培育机制。实施高新技术企业提质增量计划，坚持硬科技、高精尖导向，探索建立高新技术企业分类分层支持机制。实施科技型中小微企业创新能力提升计划，完善科技型中小企业评价管理制度，探索两年一次的评价周期，研究提高对中关村科技园区科技型中小企业的研发费用税前加计扣除比例。实施"专精特新"企业培育提升行动，加快培育具有产业链供应链核心节点控制力、对补链强链和解决"卡脖子"难题具有重要支撑作用的"专精特新"企业，围绕主导产业方向，打造"专精特新"特色园区，培育细分领域单项冠军，设立"专精特新"企业服务专区，定制专属政策工具箱，为企业提供优质高效服务。

支持园区内科技领军企业牵头组建创新联合体，承担国家科技重大项目。围绕国家重大需求，支持领军企业参与国家实验室和全国重点实验室建设，牵头建设一批国家技术创新中心、产业创新中心和制造业创新中心。支持领军企业建设一批面向产业共性关键技术研发的新型研发机构。扩大国家自然科学基金与中关村科技园区企业设立联合基金的规模，引导企业加大基础研究投入，提升原创技术供给能力。

提升中关村科技园区企业国际化发展能级。完善企业出海便利化政策，鼓励有条件的企业加强国际技术并购，探索试点资本跨境流动便利化改革、收购兼并海外企业、研发机构资金出境改革。加强对企业涉外活动的合规机制和能力建设指导，完善涉外法律服务机制，提高风险管控能力。引导和支持企业在战略性资源、战略性新兴产业、关键基础设施、关键技术等重点领域，开展全球范围创新合作，推动企业深化拓展与世界先进创新区域对接交流，参与"一带一路"数字基础设施、技术联合攻关与创新应用等国际合作。

发挥科技领军企业创新带动作用。完善考核评价办法，推动领军企业牵头建设由财政资助的创新平台，并建立对中小企业研发活动开放服务的机制。引导和支持领军企业开放新技术新产业应用场景，发布面向前沿技术的应用场景清单，向中小企业开放。支持开展大中小企业融通创新专项行动，探索实施一批融通创新项目，提升融通型特色载体服务能力。推动中央企业制定向中小企业开放创新资源的激励措施，对开展融通创新成效明显的中央企业在年度考核和负责人任期考核中给予加分奖励。

二、建设若干具有全球竞争力的产业集群

重点推动产业高端化、智能化、绿色化发展，大力发展以新一代信息技术为首的科技产业集群，开辟发展新领域新赛道，以场景创新促进产业迭代升级，加强跨区域产业协同，打造具有全球竞争力的世界级产业集群。

培育新一代信息技术世界级产业集群。聚焦人工智能、集成电路两大优势产业，强化战略科技力量，支持大数据、云计算、5G、物联网、区块链、虚拟现实、信息安全等细分领域加快发展，在海淀园、朝阳园、石景山园、亦庄园等重点园区建设一批产业创新载体，鼓励支持企业开展原创性、基础性研究，支持新型研发机构进行原创性引领性科技攻关，推动消费互联网领域优势向产业互联网领域拓展，加快新一代信息技术与传统制造业深度融合。

培育医药健康世界级产业集群。聚焦创新药品、新型疫苗、高端医疗器械、精准医疗为重点的生物技术与健康产业，推动构建生物医药产业服务平台和医疗器械产业服务平台，以中关村科技园区生命科学园、大兴生物医药产业基地、亦庄生物医药产业园、昌平生命科学园为基石，进一步发挥集成效应，在重组抗体、小分子抑制剂、高通量测序、药物偶联物、治疗性基因编辑、细胞治疗、新型药物递送、免疫检查点抑制、脑机接口等重点技术领域，攻克一批技术难题，建设一批国际研发平台，形成全球领先的生命健康研发创新策源地和产业集聚区。试点建设中关村科技园区医研企协同创新基地，形成研发、临床、审批、产业化紧密衔接机制。试点建设智慧医院，允许医疗影像 AI 诊断、在线问诊等数字医疗产品在应用场景内先行先试。

培育智能装备世界级产业集群。聚焦新材料、新能源、智能网联、机器人、无人机等细分产业领域，在海淀、丰台、昌平、大兴、经济技术开发区等重点集聚区进一步构建"一区两带多组团"的空间布局，遴选建设"新五基"产品和技术应用示范企业，优先支持基础零部件、基础材料、基础工艺、基础技术、基础软件等科技研发。建设国家集成电路产业创新平台，开展第三代半导体材料、芯片设计、制造封测等领域技术攻关。建设一批智能制造

设计创新中心、产品检测与评定中心，完善智能制造全产业链服务体系。针对高端芯片、工业母机等关键领域科研活动，制定单独税收奖励政策。支持怀柔聚焦高端科学仪器和传感器、延庆聚焦无人机等领域，建设一批特色鲜明且具有国际竞争力的产业集群，以促进其发展和壮大。

培育绿色智慧能源世界级产业集群。聚焦低碳、零碳、负碳技术研发与产业化，支持以氢能及燃料电池、能源互联网为代表的绿色能源与节能环保技术创新。依托怀柔实验室建设国际低碳能源技术创新和成果转化中心，强化绿色智慧能源技术国际合作。支持中关村科技园区建设综合智慧能源示范园区，健全能源互联网基础运行体系，建设能源大数据中心，推动能源交易服务等平台工程化应用，支持先进能源技术在国家重大工程和重大活动中示范应用。

超前布局未来产业新赛道。以国家战略需求为导向，围绕人工智能、元宇宙、光电子、低碳技术、生命科学、量子通信和计算、未来网络、无人技术、超材料和二维材料、空天开发等重大前沿技术领域，布局发展新赛道。依托国家大学科技园、科技领军企业等，建设一批未来产业科技园。鼓励和引导企业、风险投资基金共同设立新赛道发展基金，支持首创技术与产品落地发展。

三、加快京津冀产业协同发展

统筹布局中关村科技园区津冀两地联合分园，并以各分园为载体，建设京津冀协同创新改革试验区。在试验区内开展重大改革突破，打破地区壁垒，针对地区生产总值分计、税收分成、行业监管、政策统一、企业资质互认、公共服务均等关键问题制定解决方案和试点政策，在试验区内先行先试，试验区内的企业和创新主体享受中关村科技园区已有的先行先试改革政策。整合三地自贸区、保税区、服务业扩大开放试验区等创新政策，发挥政策叠加效应，在全国复制推广一批区域创新改革措施和重大试点政策。在试验区内率先形成统一开放、竞争有序、创新要素自由流动的市场体系，开放共享实验室、科学装置、试验场所等创新载体，推动人才、技术、资本、信息等创新要素跨区域流动，促进三地住房、医疗、教育、保险等公共服务均等化及互通互认。

支持建立一批京津冀协同创新中心，支持试验区内产业链骨干企业牵头，联合三地高校、科研院所、央企、行业协会等资源，形成创新链产业链上下游紧密结合的利益共同体，促进北京科技成果在津冀两地进行对接与转化落地。以中关村科技园区在津冀两地已有分园为基础，建立跨区域产业集群廊带。以北京为辐射源形成向东、东南、南、西南、西北、东北六条产业集群辐射链条，分别打造"现代服务业及智能制造廊带""生物医药及先进制造廊带""生命科学及高端装备制造廊带""新材料及清洁能源廊带""冰雪体育及休闲旅游廊带""大健康及生态旅游廊带"。

建立京津冀进链、融链、延链、补链、强链网络体系，创新"一链一图""一链一群""一链一策"等工作机制。探索建立重点产业链"链长制"，围绕特定区域产业链"缺链、断链、弱链"等问题列出责任清单，针对产业链关键环节和"卡脖子"技术，吸引培育优秀企业入驻试验区。支持试验区"头雁企业""链主企业"以资源共享、合作运营等多种形式扶持带动中小企业发展，打造若干京津冀标志性产业集群。以中关村科技园区主导产业和未来新兴产业为基础，面向人工智能、区块链、物联网、清洁能源、新材料等未来产业，支持建设一批依托津冀两地的新应用场景，支持试验区企业参与场景建设，加快构建跨区域产业链创新生态，鼓励中关村科技园区数字经济带动京津冀传统产业转型升级，构建京津冀工业互联网。

第十三章

推动高水平制度型开放创新

第一节　为什么要推动高水平制度型开放创新

创新的本质是开放的。党的二十大报告提出："扩大国际科技交流合作，加强国际化科研环境建设，形成具有全球竞争力的开放创新生态。"[①]习近平总书记强调，"国际科技合作是大趋势。我们要更加主动地融入全球创新网络，在开放合作中提升自身科技创新能力。越是面临封锁打压，越不能搞自我封闭、自我隔绝，而是要实施更加开放包容、互惠共享的国际科技合作战略"[②]，"我国要坚持以更加开放的思维和举措扩大基础研究等国际交流合作，

---

① 习近平：高举中国特色社会主义伟大旗帜 为全面建设社会主义现代化国家而团结奋斗——在中国共产党第二十次全国代表大会上的报告[EB/OL]. https://www.gov.cn/xinwen/2022-10/25/content_5721685.htm[2022-10-25].

② 习近平：在科学家座谈会上的讲话[EB/OL]. https://www.gov.cn/xinwen/2020-09/11/content_5542862.htm[0202-09-11].

营造具有全球竞争力的开放创新生态"①。党的二十大报告和习近平总书记重要讲话为我国建设具有全球竞争力的开放创新生态指明了前进方向，提供了根本遵循。北京从全国科技创新中心到国际科技创新中心的功能定位的改变，对深化科技创新开放合作提出了更高的要求，应进一步转变思路，加强谋划和部署，形成系统推进科技开放合作的战略举措，建设具有全球竞争力的开放创新生态。

一、新一轮科技革命和产业变革加速推进，科技开放合作成为科技创新发展的助推器

当前，新一代信息技术加速应用扩散，新一代信息技术与其他领域的融合创新突破密集涌现，新型技术呈现群体性跃升，新技术、新产业、新业态和新模式加快形成和发展，且形成相互关联、相互依赖的发展新态势。

（一）由移动互联、大数据、人工智能等引发的新一轮科技革命，正在快速迭代中推动传统产业转型升级，并催生大批新兴产业

新一代信息技术和智能制造技术融入传统制造业的产品研发、设计、制造过程，将推动传统产业转型升级。国际数据中心（IDC）调研结果显示，84.9%的中国制造企业正在进行不同程度的数字化转型，数字化转型正在成为制造企业的战略核心（王聪聪，2018）。新一轮技术革命也催生出大批新兴产业，如无人驾驶、虚拟现实/增强现实（VR/AR）游戏、智能家居等产业。本轮科技革命和产业变革的突出特征是融合，不断打破各领域边界，推动技术的开放和共享，也就决定了必然要以开放合作为根本路径。

---

① 习近平：加强基础研究 实现高水平科技自立自强[EB/OL]. https://www.gov.cn/yaowen/liebiao/202307/content_6895642.htm[2023-07-31].

（二）从科学发现、技术开发到产业化、商业化，新一轮科技革命与产业变革中几乎所有领域的最新历史性进步，都需要全球范围内主要国家创新力量与市场需求力量深度合作

无论是从重大科学发现和技术演进趋势，还是从人类共同面临的可持续发展需求，新一轮科技革命与产业变革的爆发将更基于多重技术的交叉融合。这不是依靠某个国家就可以完成的，尤其是在产业化和商业化方面，需要围绕更广泛的市场需求来创造价值。另外，全球产业分工的格局决定了各国之间的分工与合作模式，任何一个国家或企业都不可能把所有的技术都掌握在自己手里，分工与合作是全球科技进步和产业发展的基本方式和路径。

（三）逆全球化态势的出现虽然会在一定程度上阻碍科技创新开放合作的速度，或者改变科技创新开放合作的领域、范围和方式，但无法从根本上全面阻止开放合作

科技创新合作仍将是全球科技进步与产业发展的重要推进器，是人类共同应对风险挑战、促进和平和发展的重要力量。人类要破解共同发展难题，比以往任何时候都更需要国际合作和开放共享。在生命科学领域，多国企业、科研机构围绕药物、疫苗研发以及成果转化应用展开全球合作，跨界融合、协同合作、包容聚合等特征越来越显现，加强科技创新能力的国际合作是大势所趋。

二、全球互惠共赢与协同发展趋势不变，科技开放合作成为各国国家战略实施的重要途径

历次科技革命和产业变革，都是地区性甚至全球性科技创新协同合作的结果。多年来，发达国家高度重视科技创新开放合作，普遍将其作为国家战略实施的重要途径。众多发展中国家也纷纷提出要从国家战略的高度推进科技创新开放合作。

（一）发达国家持续优化创新生态环境，吸引海外优秀人才

在优化签证、绿卡等政策吸引和留住全球优秀科技人才方面，《美国国家科学委员会：2030愿景》（2020年）提出，制定清晰一致的签证政策，留住受过美国教育的科学家和工程师；倡导对美国国家科学基金会（NSF）人才计划的新投资，包括对高级技术教育投资、研究生奖学金和博士后奖学金。《2022年美国竞争法案》对STEM专业[①]博士毕业生绿卡申请进行国别配额限制豁免，不再限制在美国生活和工作的外国科学家（及其配偶、子女）的数量。2020年2月，英国政府启动"全球人才签证"，允许2021年夏季获得博士学位的国外学生可以在英国继续生活和工作三年，获得本科和硕士学位的学生可以在毕业后再住两年；推出高潜力人才签证（HPI）项目，拿到这类签证的外国名校毕业生可在英国创业和工作，无须雇主担保。韩国制定了海外人才税收等优惠政策，其中《半导体超级强国战略》（2022年）提出，对海外高级工程师等优秀人才提供个人所得税减免优惠政策，并构建国内外专家数据库，以吸引海外优秀人才。

（二）各国注重围绕核心技术构建国际科技合作体系，并将加强公共安全方面的合作等作为重要的战略举措

日本在《量子未来社会愿景》（2022年）中提出，强化战略性国际合作，重点增加青年人才的海外派遣，并积极邀请海外优秀人才赴日交流，以提高人才的国际流动性。加强与国际产业界的交流，构建国际供应链和国际共同研发体制，支持日本产业界向海外拓展。《韩国科学技术信息通信部 2022财政预算》（2021年）支持各技术领域的海外学者与国内研究人员开展国际人才交流活动，以促进政府开发援助等国际合作。日本的《统合创新战略2020》[②]提出，广泛开展国际合作共同应对疫情，加快培养医学（特别是传

---

① STEM专业是指涉及科学（science）、技术（technology）、工程（engineering）和数学（mathematics）这四个领域的专业。

② 内阁府. 2020. 統合イノベーション戦略 2020. https://www8.cao.go.jp/cstp/tougosenryaku/index.html[2020-07-17].

染病领域）人才，重视对控制疫情必不可少的行为经济学等社会科学研究。

（三）聚焦新国际规则制定，加强全球开放合作和互惠共赢

《英国数字战略》（2022 年）提出，与经济合作与发展组织合作制定国际规范，重点是制定与全球以及英国数字和技术方面的优先事项相一致的、影响力最大的政策；利用 G7 论坛来倡导科技领域的开放性原则，同时寻求与二十国集团（G20）合作伙伴就促进这些原则达成全球性协议；建立国际联盟，提高全球标准制定方面的合作和能力，确保互联网的开放性。英国的《国家数据战略》（2020 年）提出，应消除跨境数据流动的不必要的障碍，在国际组织中倡导全球数据流动的重要性，与国际伙伴合作探索国际数据访问和共享的方法等。此外，在个人数据国际传输方面，英国将确保传输的个人数据遵守高数据保护标准，对个人数据转移方式负责，并建立保护个人数据的责任制。

三、我国开放合作迎来重要历史机遇期，科技开放合作在新阶段新形势新格局中作用凸显

新一轮科技革命和产业变革为我国在新技术、新产业、新业态中赢得领先优势提供了难得的机会。当然，机遇期稍纵即逝，能否在有限的时间里迅速形成领先地位是关键所在。把握这样的机会，不仅需要埋头苦干，也需要我国与全球范围内的高水平科技伙伴广泛合作，共享国际科技资源和成果。

（一）我国实施创新驱动发展战略、建设世界科技强国对加强科技创新开放合作提出了更高的要求

近年来，虽然贸易与资本全球化趋势有所放缓并遭遇逆全球化波折，但从创新视角来看，创新全球化仍在持续发展之中。科技创新人才在全球范围内的流动有增无减，全球范围内各个学科领域的科研合作与交流仍然蓬勃发展。在新兴技术领域，我国与发达国家基本上处在同一起跑线上，甚至通过

前瞻性布局已经在某些方面形成了一定的优势。未来几年是我国科技和经济社会在已经取得持续快速发展的基础上，站在历史新方位，实现建设科技强国和社会主义现代化国家目标的新时期。对外开放的内涵和重点都需要发生重要转变，以适应创新发展的阶段性要求。在继续推进传统经贸开放合作的同时，迫切需要重点加强科技创新开放合作，将科技创新合作融入全面对外开放的大局中，使其成为对外开放的核心内容之一。

（二）我国已经具备进一步深化科技创新开放合作的良好基础

经过改革开放 40 多年的努力，我国与世界主要国家和"一带一路"国家的科技合作都取得了突出的进展，为进一步深化开放合作奠定了坚实的基础。我国已经构建起广泛的科技创新开放合作框架。例如，与近 160 个国家建立了科技合作关系、签署了政府间合作协议、加入了政府间国际科技合作组织、派驻科技外交官、开启了创新对话机制等。近年来，我国开始与越来越多的国家就感兴趣的领域开展联合研究与创新活动，包括资助开展联合研究、成立联合科研机构、建设国际科技合作基地等。例如，参与欧盟"地平线 2020"计划，与俄罗斯合作推进大飞机的研制等。同时，支持我国科学家参与国际科技组织活动并担任职务，支持和鼓励在华举办高水平国际组织系列会议等。

（三）科技创新开放合作迎来历史机遇期，为我国提供了建立中国技术标准、融入全球创新网络、参与全球科技治理等重要时机

长期以来，在西方发达国家及其领先企业主导全球产业技术标准的大格局下，虽然我国在许多产业领域的产能和市场需求全球领先，但在技术标准方面话语权较小，这一格局使得我国的先进技术无法获得广泛认可和市场应用，影响到技术的市场收益及后续发展潜力。深化科技创新开放合作，将有助于我国的先进技术走出国门，在广泛合作与应用中建立全球认可的技术标准，助力重构全球创新网络，提升我国国际地位。另外，由于全球各种科技力量的对比关系正在发生变化，全球科技创新治理正在进入一种新的调整甚

至无序状态，这为我国同全球范围内其他积极致力于科技创新开放合作的国家共同建立新的全球科技治理体系提供了窗口期。

四、国家赋予北京国际科技创新中心新定位，构建开放创新生态成为北京高质量发展新要求

（一）加快北京国际科技创新中心建设对国际开放合作提出了更高要求

2014 年 2 月，习近平总书记视察北京，明确了北京作为全国科技创新中心的城市战略定位。2020 年 10 月，党的十九届五中全会擘画"十四五"时期以及 2035 年远景目标时，明确提出支持北京形成国际科技创新中心的战略部署。从"全国科技创新中心"到"国际科技创新中心"，北京建设科技创新中心的视野、格局、内涵和外延发生了巨大变化，意味着要求更高、任务更重和责任更大。国家主席习近平在向 2023 中关村论坛致贺信中指出，"当前，新一轮科技革命和产业变革深入发展，人类要破解共同发展难题，比以往任何时候都更需要国际合作和开放共享。中国坚定奉行互利共赢的开放战略，愿同世界各国一道，携手促进科技创新，推动科学技术更好造福各国人民"[①]，这些都为北京进一步加快科技创新开放合作，营造开放创新生态提出了更高要求。

（二）北京国际交往中心与国际科技创新中心建设协同推进，共同促进北京高水平开放发展

北京市持续加强国际交往中心建设，出台了北京国际交往中心功能建设专项规划，立足"一核、两轴、多板块"功能定位，为服务党和国家对外工作，开展对外交往提供场所、设施和功能保障。同时，打造国家服务业扩大开放综合示范区、设立自由贸易试验区，提供了国际开放合作的重要平台。在"一带一路"高质量发展中，建设重要节点和世界级航空枢纽功能不断增

---

① 习近平向 2023 中关村论坛致贺信 [EB/OL]. https://www.gov.cn/yaowen/liebiao/202305/content_6876229.htm[2023-05-25].

强（刘波，2021）。未来一段时期，北京将持续促进高质量发展，加快城市国际化进程，提升国际科技创新能力，加强文化、艺术、体育等交流活动品牌的国际影响力，国际交往空间和前景将更加广阔。

第二节　科技创新开放面临的现状

一、科技创新开放合作理念尚未充分融入各项工作之中

我国近几十年来的科技进步，得益于有效地执行了自主创新与改革开放相结合的政策，得益于融入全球创新网络、向科技先进国家的学习以及对全球创新资源的有效使用。因此，面对全球科技创新合作的挑战，中国仍将毫不动摇地秉持"共享机遇、共对挑战"和"开放包容、互惠共享"的基本理念，更加积极地继续推进科技创新国际合作。然而，科技创新开放合作成功与否，不仅在于我国与世界其他科技创新主要国家之间能否建立起密切、持续的合作，而且在于这样的合作能否有效与我国各项科技与产业发展工作深度衔接，这就要求"开放合作"的理念深入人心，全社会要达成共识。从目前来看，开放合作未能充分融入各项工作之中，要达成共识使各项创新工作都能具备开放合作的能力，还需要较长的时间。

二、科技创新体系开放广度和深度有待提高

从科技创新体系的开放度来看，我国距离成为全球创新网络的中心仍有较大差距。我国在科技资金、科技人才等方面的开放水平仍与发达国家存在差距。例如，美国除涉及军事和敏感技术的计划外，科技计划大部分对外开放，可以开展国际合作，邀请外国专家到其实验室工作。欧盟先后制定了多项跨国的高技术研究与发展计划，这些计划的实施以欧洲国家为主，但也通过采取招标或签订双边协议的方式向其他国家开放（戴建军，2014）。在聚

集全球科技人才方面也存在着劣势，目前我国吸引集聚的主要是华裔科技人才，与发达国家共同完成前沿性的科学发现与技术发明的合作较为有限。在国际科技合作中单兵作战的情况比较普遍，往往只靠单位、团队甚至个人的力量，一旦遇到不确定因素，往往难以应对。

三、科技创新开放合作手段较为单一，管理机制有待完善

国内许多创新主体对国际合作规则不熟悉，缺乏既懂专业且善于开展国际合作的人才，国际科技合作能力有限。我国在国际科技组织中担任重要职务的人员比较缺乏，满足国际科技组织发展需求的人才不多。在国际合作过程中，模仿、引进和消化吸收居多，主动"走出去"仍存在不足。另外，在吸引国外人才、技术、资本等创新要素时面临制度性障碍。无论是有利于要素自由流动、资源有效配置的创新体系，还是有利于市场公平竞争、产权保护、营商便利，以及充分激励创新人才、转化成果的制度安排，都存在一些体制机制壁垒，这直接影响了我国吸引和集聚全球创新资源的效率和效果。

四、北京市高水平开放格局有待构建

北京市产业发展和创新能力有待进一步突破，集聚全球资源的能力仍有不足，一些功能设施与纽约、伦敦等世界一流大都市相比还有差距。此外，有分量的国际组织和机构数量偏少，国际会展设施不足，国际化、市场化水平有待提高；国际文化节和国际体育赛事的影响力竞争力不够。同国际接轨的政策环境和服务配套能力还需要进一步完善；吸引集聚国际人才的优势还不明显，常住外籍人口比例偏低；本市企业的技术创新优势还不太强，主要以本土市场为主，海外的业务布局有待提升；外资的研发中心在北京发展也面临着国际整体环境的影响，外资研发的流入呈现下降的趋势；国际医疗、国际教育供给能力尚显不足，国际语言环境等普适性涉外环境有待优化，城

市宜居便利度还需提升；涉外管理服务与外事保障机制仍需完善，具有北京特色的超大城市治理体系还要进一步健全（刘波，2021）。

第三节　提升科技创新开放水平的对策建议

进入新阶段，北京的科技创新开放合作将持续推进高水平对外开放，包括稳步扩大规则、机制、平台等制度型开放，加速全球科技金融要素汇聚，搭建国际科技合作网络平台，形成更大范围、更宽领域、更深层次对外开放格局。

一、积极构建全球科技治理新规则

（一）深度参与全球科技创新治理

主导和参与制定全球创新规则和标准，形成相互依存的创新合作伙伴关系。落实联合国《2030 年可持续发展议程》，推动科技创新成为消除贫困、促进可持续发展的主要手段。建立健全多方参与、协同共治的科技伦理治理体制机制，加强与重点国家和国际组织合作，提升国际话语权、规则制定权。

（二）积极推动新兴技术国际标准建设

推动建立公平合理的国际知识产权秩序，倡导全球知识溢出和技术转移。鼓励企业在海外开展中国标准的应用推广，实施企业标准领航行动计划，启动新技术新业态标准制定工作，支持中关村企业建立符合国际标准的质量管理体系，参与电子商务、数据安全等方面的新技术国际规则和标准研究制定。支持中关村标准化组织与国际标准组织建立长效合作机制，探索"中关村标准"互认机制。

（三）积极参与跨境数据流动国际规则制定

围绕数据流动与共享、技术许可与应用等构建治理规则，促进新技术新产业发展的全球协同。解决跨境数据流动存在的问题，破除其壁垒与障碍，在国际组织积极发挥作用，倡导和宣扬全球数据流动理念和重要性，与国际伙伴合作探索国际数据访问和共享方法，确保数据不会受到监管制度的不当限制。

二、持续探索全球科技合作新机制

（一）吸引国际高端要素集聚

一是支持国际组织在北京集聚与网络化延伸。将北京打造成全球化网络的"关键节点"，通过有效集聚国际组织来连接全球各个区域，从而深度参与和塑造全球治理。结合首都城市战略定位，研究制定国际组织分类数据库。试点开展国际科技组织设立制度，积极推动国际科技组织、国际学会、协会、标准组织和开源平台等落户北京，允许外籍科学家在我国科学技术社团任职。

二是以更大力度吸引国际高层次人才来京就业。实行更加开放、更具国际竞争力和吸引力的人才政策，以更加有效的措施加大海外人才引进力度。研究设立引才基金，实施自然科学基金外国学者研究基金项目，支持海外高层次人才引进。建立外国留学生创新奖励制度和创业国民待遇制度，畅通外国优秀毕业生来华实习工作渠道，支持在华创业就业。面向全球吸引优秀青年来华攻读科学和工程学位，从事博士后研究。鼓励各类创新主体建立科技人才全球招聘制度，在高校、科研机构等设立一定比例的国际人才岗，吸引优秀科技人才。依托国家实验室、新型研发机构、研究型大学的高等级的创新平台，吸引更多海外顶尖创新人才和创新团队来中国发展，进一步提升人才国际化水平。加快国际学校布局，深入对接服务在京外籍高层次人才。推进重点国际医院项目建设，建设整体特色性国际医院。做好城市服务热线多语言服务，实施《北京市国际交往语言环境建设条例》，推进朝阳望京、中关村科学城等 8 个国际人才社区建设。做好国际人才的服务工作，完善医疗、子女入学、住房、家政等政策保障。

（二）支持开展创新要素跨境流动便利化改革

一是加大科技计划对外开放力度。探索中英双语发布计划项目指南，支持与各国优秀科学家和团队开展联合研发。完善国内外捐赠设立科技基金的相关政策。探索财政科研经费跨境使用和监管机制，拓展境外科研机构和科学家直接承担北京科技计划项目的有效途径。促进科技计划项目管理的开放合作，提高外籍专家在项目形成、评审、验收等环节的参与度，探索重大项目的国际化评审方式。

二是发起和参与国际大科学计划和工程。支持在京创新主体围绕基础前沿领域和应对全球共同挑战的重大科学问题，牵头发起和积极参与国际大科学计划和大科学工程，协同解决全球重大科学难题。鼓励和支持在京创新主体参与国际热核聚变实验堆、地球观测组织等大科学计划和工程，形成与我国牵头的大科学计划和工程互为补充、有效联动的格局。

三是探索推进重大科学基础设施国际合作共享机制。推动重大科技研发平台全球开放共享，建设北京怀柔综合性国家科学中心科技信息公共服务平台，为科学设施开放和科学数据共享提供支撑。

三、加强建立全球科技合作新平台

（一）进一步加强科技园区间的开放合作

一是支持中关村建立国际合作特色园区。发挥海淀园高校院所资源优势，探索面向全球开放的基础研究岗位。支持朝阳园建设国际创投集聚区、西城园打造国际金融科技高地、丰台园打造轨道交通国际创新集聚区。深化建设中德产业园、中日创新合作示范区，打造国际产业创新合作新典范。

二是探索多元化科技园区共建模式。支持与"一带一路"国家共建科技园区，探索多元化建设模式，联合发布合作需求，实施产业创新合作计划。支持有实力的企业与"一带一路"国家共建科技园区，探索多元化建设模式。支持成立科技园区国际合作组织，推动国际科技产业园区共同体建设。完善国际民间科技组织交流合作网络。

三是持续开展重点国家和地区科技合作。面向新加坡、以色列等重点合作国家和地区，联合发布合作需求，实施产业创新合作计划，开展跨国技术创新合作。与东盟国家围绕生命科学、食品科学、基础设施和资源开发等领域开展联合研发和技术创新；与中东欧国家加强人才交流，推动人工智能、能源与环境、卫生健康等领域科技合作。

（二）进一步打造全方位国际化交流平台

一是扩大国际科技合作"朋友圈"。推动国际功能性机构、外资跨国公司地区总部、研发中心、专业服务机构和高端制造业企业等落户北京。实施外资研发中心研发激励计划，引导不同类型的外资研发中心在京设立和发展。支持外商投资企业承担北京科技计划项目。提升中国国际服务贸易交易会、金融街论坛等的国际化、专业化和市场化水平。

二是提升中关村论坛国际影响力。围绕全球科技创新发展态势和国际热点话题，汇聚全球英才和各方智慧，打造全球性、综合性、开放性科技创新高端国际合作平台。加强科技成果综合服务板块建设，强化尖端科技成果发布、展览、交易、服务等功能，打造国际化的科技成果路演平台，开展常态化路演活动，加强与世界先进区域的硬科技创新合作交流。推进中关村论坛永久会址建设，完善国际交往新载体。完善常态化办会机制，举办或优化未来（科学）、新兴技术、全球高端智库、世界领先科技园区、"一带一路"创新之路等分论坛。探索与重点合作国家以互设专场的形式合作举办论坛。探索设立海外分会场，扩大国际科技合作交流互动。

三是提升创新创业国际化水平。加强国际化营商环境建设，营造"类海外"的发展环境，大力推动外资研发中心建设，做好资金、人才等方面的服

务，吸引更多外资企业来中国发展。吸引国际知名创新创业服务机构来京开展业务，支持国内有实力的企业、服务机构在海外设立离岸孵化器、跨境技术转移中心。引进国际高端创新资源和服务模式。设立公益性公共创新专项资金，对全球创业大学生、创客和发明家开展公共创新给予奖励。鼓励社会力量设立面向全球的创业基金和创业挑战赛，吸引全球创业者围绕解决国内产业和企业技术创新需求到北京创新创业。鼓励社会力量设立国际科技创新奖项，支持在重点学科和关键领域作出突出贡献的组织和个人。厚植科学文化土壤，形成鼓励创新、宽容失败的中关村创新创业文化。

第十四章

构建充满活力的创新生态

第一节　为什么要构建充满活力的创新生态

作为科技创新和高技术产业发展的重要空间载体，科技园区必然吸引了大学、科研机构、企业等不同类型的创新主体，汇集了人才、技术、资本等不同类型的创新要素，拥有政策、制度、文化等不同层面的创新环境。正如自然界中的生态系统一样，科技园区中的创新主体、要素、环境之间不是相互孤立的存在，它们必须通过相互联结传导，形成共生竞合、动态演化的创新生态，才能最大程度地发挥各个主体的创新效能，才能实现园区长久不衰的创新引领。

一、创新生态充满活力，各主体的创新效能才能充分发挥

创新不是科学、技术、产业的线性接力或简单相加，而是一个复杂的迭

代过程。有关创新研究的三螺旋、创新系统、创新集群等理论都深刻揭示了多元主体间的复杂网络关系及其互动联系对于创新的重要意义。当前，在新一轮科技革命和产业变革的浪潮之下，创新主体间的互动连接更加重要；而只有充满活力的创新生态，才能为创新主体间的这种互动连接创造条件。

具体来看，一方面，科技领域的交叉融合创新日益增多。信息技术、生物技术、新能源技术、新材料技术等交叉融合引发了新一轮的科技革命和产业变革，技术变革加快，创新的复杂性增加。另一方面，创新的细分化、专业化程度日益增强。新知识、新技术、新模式、新业态大量快速涌现，任何一个创新者都无法统揽所有环节或领域的创新活动，创新分工和专业化发展成为必然。在这样的形势下，要实现创新效能的最大化，客观上要求每个创新主体摒弃传统封闭、独立、线性的创新方式和过程，通过与其他主体间的联结协同，建立相互依赖、共生演进的网络关系，以开放、合作、网络化的创新模式，共同实现价值创造。

正是由于这一点，许多国际知名科技园区都非常注重推动园区内部不同创新主体间的交流互动，营造充满活力的创新生态。例如，荷兰埃因霍温高科技园区在 20 世纪 90 年代就意识到，在未来的知识经济中，需要开放性创新，需要促进不同领域、不同背景的人才之间的交流，才能研发出更具创新的产品，并因此对原有园区进行改造，创造开放的创新型工作环境。园区中170 多家中小企业与大型科研机构之间都只有 5 分钟的步行路程，使得开放获取丰富的专业知识无比便捷；每年举办超过 500 场技术、商业和社交活动，具有强大的社交网络构建能力；将"开放式创新"和"创造交流的空间"的理念融入建筑景观中，通过景观设计尽可能地创造人群间的交流碰面空间，包括不在办公楼里设置公共服务设施，将餐馆、超市、会议中心等集中在交流街，迫使人们使用交流街，创造更多人与人面对面交流的机会。又如，剑桥创新中心联合旗下创业咖啡（Venture Café）在园区内打造品牌化的社交活动"星期四创业咖啡汇"（Venture Café Thursday Gatherings），以此吸引了创新社区以及任何希望建立联系并成为变革力量的人。通过星期四的免费活动提供有趣的社交机会和高影响力的创业教育课程，为新进驻园区的创业者提供融入园区创新生态的简单途径。创业咖啡同时还在每个园区建立"内部创新厅",构建园区内创意交流的"起居室"(陈希希,2021)。

二、创新生态充满活力,科技园区创新发展才能经久不衰

科技园区的创新发展很大程度上体现为产业引领,即汇集大量处于产业领军地位的高科技企业。然而,众所周知,任何一个产业的发展都有"引入—成长—成熟—衰退"的生命周期,因此,一个科技园区要长久保持其创新引领地位,就必须能够持续不断地孕育出具有强大生命力的新兴产业和新的领军企业群体,这些只有在充满活力的创新生态之下才能实现。

美国硅谷和128号公路地区的不同发展成就,为充满活力的创新生态对于园区发展的重要意义提供了最好佐证。20世纪70年代初,美国硅谷和128号公路地区同为全球电子工业最重要的创新研发集聚地。它们的发展都起源于大学,所展现出的创新活力以及由此带来的经济增长曾引起世界各国的关注。然而到了80年代中后期,硅谷和128号公路地区的发展呈现出了不同的景象。在硅谷,随着各种创新创业人才的涌入,以及不同组织相互之间密切互动的社会网络,新一代半导体和计算机企业大量兴起。而128号公路地区的工业体系主要依靠几家独立的大公司,公司内部也都严格遵守独立运作和保守秘密等行为惯例,相对僵化的体系导致其逐渐失去了在计算机生产领域长时间把持的主导地位(安纳利·萨克森宁,1999)。

作为科技园区的先行者、世界各地争相效仿的标杆,硅谷的成功归根结底在于其充满活力的创新生态,有学者将硅谷描述为一个"创业的栖息地"(the habitat for entrepreneurship),就如同自然界中生物的自然栖息地,那些高新技术企业生存和发展所需要的资源在这个区域已经得到了充分的培育和发展。硅谷创业生态系统包含了人才、创业企业与组织机构以及各行动实体之间的网络关系和互动模式。与自然生态系统一样,硅谷创业生态系统具有动态、复杂、相互依存的系统特征。这里的所有行动实体之间都存在着一些不同的联系,那些体现了创新创业精神的各种互动的小网络综合起来就形

成了一个庞大的整体网络系统。创业者与创业者、创业者与组织的各种对话以及组织间项目和交易的持续累积建立了紧密的联系，这种频繁而有建设性的互动关系形成了一个巨大的系统。这种交互作用具有竞争、合作和互动反馈的特性，它促进了知识学习、创意理念、技术人才、创业资本的必要流动（潘剑英，2014）。

因此，中关村要建设世界领先科技园区，必须致力于构建充满活力的创新生态，积极打造各创新群落间的共生关系，使各创新主体在保持自身异质性的同时，与其他主体以及创新环境间发生联结与协同，形成共生竞合、动态演化的创新系统。

第二节　构建创新生态面临的现状

经过 40 余年的发展演变，中关村已经形成了构成要素相对完备的创新生态体系。这主要表现在以下几个方面：拥有丰富的科教资源，截至 2022 年，这里汇聚了 90 余所高校、1000 余所科研院所；拥有多样化的企业群体，既有京东、小米等龙头企业，也有大量科技型中小企业；拥有活跃的风险资本和各类创业服务机构，是全球风投最活跃的区域之一，拥有 65 家国家级科技企业孵化器、144 家国家级众创空间、16 家国家大学科技园、51 家国家技术转移示范机构，以及法律、会计、咨询、知识产权等专业服务机构上千家；科技体制改革始终走在全国前列，前后 30 余项试点政策成熟后推向全国。然而，要素的完备并不意味着生态的形成，在构建充满活力的创新生态方面，中关村还存在一些问题。

一、创新资源分布不均，部分分园尚处创新要素集聚阶段

与众多国际知名科技园区不同，中关村并不是一个集中性地块，而是"一区多园"模式，且不同园区间的地理距离较远，地块比较分散。中关村科技

园区涉及具体地块 192 宗，各分园面积大小不一，其中 2 平方千米以下的有 135 宗，0.05 平方千米以下的有 30 宗。海淀园包括 65 宗具体地块，建筑面积 20 万平方米以下的园区有 41 个；大兴-亦庄园则包含大兴生物医药产业基地、大兴经济开发区、新媒体核心区等 14 块区域，散落在大兴区各处；朝阳 CBD 与同在朝阳区的望京板块，直线距离相隔十几千米，且中间缺乏紧密的产业带相连。

与这种地块分散特点相伴随的是创新资源分布不均衡。截至 2023 年，北京市拥有"双一流"建设高校 34 所，半数以上位于海淀园；中国科学院在京拥有科研院所 43 家，25 家位于海淀园，占比高达 58%；中关村所有国家级高新技术企业中，超过 50% 的企业位于海淀园。

上述情况表明，中关村各分园在发展阶段、资源分布、研发转化、协同互补、资源共享、城市配套等方面都不够均衡。位于远郊区的一些地块，不仅创新资源匮乏，就连水电气等基本生产生活配套都尚未并入市政管网，入驻企业数量少，无法形成聚集效应，部分园区还处于创新要素集聚阶段。

（一）研究力量的带动作用发挥还需假以时日

硅谷、三角研究园、剑桥创新中心、筑波科学城等众多国际知名科技园区的案例充分表明大学和科研机构等知识创造者在区域创新中发挥着重要作用，它们可以为园区或地区衍生出大量的科技型企业，带动区域的经济社会发展（郭金明等，2018）。

北京的高校和科研机构云集，但它们多位于中心城区，对中关村不同园区尤其是郊区园区发展的带动力有限。近年来，不少高校、科研机构出于扩大发展空间的需求，开始在中心城区以外的郊区布局建设分校区。北京市经过规划引导，初步形成了昌平沙河高教园和房山良乡高教园等大学城。与此同时，新型研发机构、国家实验室等科研机构，以及怀柔综合性国家科学中心的建设都在推进发展之中。这些发展变化将为丰富中关村各个园区的创新资源创造条件。但受限于这些研究力量的建设发展时间还比较短，创新资源要素与中关村科技园区发展的融合促进还需假以时日。

（二）中小企业的成长环境还有待改善

企业是技术创新的主体，是推动创新创造的生力军。研究表明，对于科技园区的发展而言，大企业和小企业都不可或缺。大企业是园区产业技术创新网络的核心单元，是园区与外界发生联系、获取外界资源的桥梁。同时，大量小企业亦是园区创新活力的根源，小企业提供丰富多样的技术创新，可以避免园区因大企业垄断而陷于僵化（郭金明等，2018）。为了促进中小企业发展，硅谷的很多律师事务所可以为初创公司提供免费服务，加利福尼亚州法律规章中专门设有对初创公司极为有益的法律条款，硅谷有专门服务中小企业的硅谷银行。

研究发现，中关村个别园区还存在片面注重大企业的招引、忽视中小企业服务体系和创业体系建设的问题。例如，有园区办公地块对入驻企业的税收标准进行了严格限定，但园区范围内没有孵化器建设规划，也缺少产业发展引导基金支持，公租房、人才政策等也大都面向对当地经济贡献大的成熟企业，园区环境不利于科技型中小企业的成长发展。

（三）多元化创新服务体系还有待完善

当前，国内一些领先科技园区的发展已经从传统物业资产供给服务转移到多元化创新服务的功能供给上，服务的内容覆盖研发、商务、法务、采购、人事等多个方面。从国际经验来看，那些知名科技园区则更加注重园区服务体系建设，极力打造小而精的园区服务体系，如加拿大 MaRS 发现社区等（陈希希，2021）。

从调研情况来看，中关村科技园区大部分服务由政府或国有开发建设公司提供，缺乏专业化的运营服务团队，管理服务颗粒粗、浮于表面，与世界领先科技园区的发展需求相比，还存在一定的差距。大部分科技园区运营机构与园区开发关联紧密，现金流紧张，盈利能力不强，普遍缺少职业经理人等专业人才，尚未与园区外创业服务机构建立密切合作关系，缺少概念验证、中试服务和公共技术平台，有的虽然标明有法律、会计、人力资源、知识产权等服务事项，但却不具备相应能力。此外，受国有资产保值增值考核机制的约束，国有企业性质的园区运营机构投资服务不畅。

二、主体要素间联动不足，开放合作的创新网络有待强化

如前所述，总体来看，中关村的创新资源要素十分丰富，但这些创新资源要素的分布很不均衡，而且不同创新主体、不同要素、不同园区之间的协同联动不足，制约了中关村创新资源优势的充分发挥。

（一）社会力量在园区治理中的作用还需进一步强化

政府和市场都是推动科技园区发展不可或缺的重要力量。中关村的发展历史中有一个非常鲜明的特色，即政府与市场良性互动、创新共治，合力促进创新创业，联盟、协会等社会力量的作用也不容忽视。正是由于这一点，2010 年出台的《中关村国家自主创新示范区条例》第五十六条明确规定，"市和区、县人民政府及有关部门应当加强与协会等社会组织的沟通协调，支持社会组织参与相关政策、规划、计划的起草和拟订，归集、反映行业动态或者成员诉求，反馈相关政策实施情况"。

联盟、协会等社会力量是中关村科技园区内部各创新主体之间联系互动的重要渠道和平台，有利于促进政产学研多方交流与协同合作。但从近年来的发展来看，由于缺乏稳定支持和机制保障，这些社会力量在园区治理中的参与程度有所下降，作用发挥有所弱化。

（二）要素多向流动的产学研合作模式有待强化

中关村企业参与产学研合作的主要方式以合作开发、委托开发与技术转让为主，缺乏资源共享、风险或成本共担、要素多向流动、扩大市场、长期稳定的产学研合作方式，企业在产学研合作中的主体地位有待进一步加强。

与此同时，园区企业反映，高校院所解决的是科技研发"从 0 到 1"的问题，企业解决的是科技成果转化"从 10 到 100"的问题，但是"从 1 到

10"的中间环节比较缺乏，表现为工程化开发平台、中试熟化平台和共性技术平台比较缺乏。

（三）分园之间以及分园内部地块之间协作联动不足

由于中关村科技园区空间布局比较分散，分园之间缺少联动，甚至存在因产业同质化而互相"挖企业"的现象。在分园内部，各地块之间也比较分散，缺少产业协同的顶层设计和跨地块的公共技术平台和公共服务平台，资源共享及交流协作存在困难。此外，"三城"与"一区"分别位于北京城的西北与东南，产学研之间的合作交流因空间距离和地域差异受到一定程度的影响。

三、配套服务不够完善，支持创新创业的园区环境尚需提升

纵观国际知名科技园区，大都具有鼓励创新创业的文化氛围、制度保障等软环境，同时其优美的自然生态、完备的科研条件、宜居的生活设施等硬件配套也都成为吸引创新创业者集聚的重要因素。相较之下，中关村在这些方面还有待完善提升。

（一）尊重创新、支持创新的文化氛围有待加强

美国学者埃斯特琳认为，"正如生物生态系统背后有着基本的规律一样，扶持创新也有着一套核心价值观：询问、冒险、开放、耐心与信任"（郭金明等，2018）。而中关村在打造尊重创新、支持创新的文化氛围方面存在不足。例如，突出竞争、强调结果的导向，不利于培养创新者之间的开放合作精神，也缺乏对创新失败的理解和包容，容易引发浮躁、失信行为；公共科研设施面向社会的开放度还需加强，公众对科学的了解、支持和参与不足。

（二）先行先试政策设计还需进一步突破

在创新生态系统中，新的政策和制度可以帮助生态系统以满足新需求的

方式来生长。当前，随着原有的先行先试系列政策在全国范围内推广实施，中关村的政策优势有所削弱。同时，随着国内外创新形势的发展变化，中关村亟须结合当前发展中面临的突出问题持续推进先行先试的改革突破。

（三）宜居宜业的基础设施配套还需完善

当前，中关村还有不少园区是"清一色"的研发办公楼宇，既缺少住房、医疗、教育、交通等公共服务配套，也缺少商业、会议、餐饮、娱乐等工作生活配套，宜居宜业宜创水平不高。同时，相较于硅谷等国际知名园区而言，中关村的国际化程度有待提高，包括在园区的基础设施建设方面也缺少对国际交往需求的考量，不利于对国际人才的吸引集聚。海淀园与亦庄以及其他园区之间的交通距离互联需求尚有差距，导致园区间资源与信息的沟通与交流成本增加。园区与生态保护等功能区域存在交叉，2012 年划定的示范区内含规划非建设用地 70 平方千米，经过多年积极协调布局，园区内仍有部分规划非建设用地，包括永久基本农田储备用地、生态混合用地、林草保护用地等，这些用地影响产业布局活动。

第三节　构建创新生态的对策建议

一、培育丰富多样的创新群落

创新群落的多样性是一个园区创新生态系统保持稳定的基础，是其拥有旺盛生命力、实现持续创新的前提。中关村要建设世界领先科技园区，需要在"一区多园"发展模式下加强空间整合集聚，在各个发展组团内培育丰富多样的创新群落。

（一）深入推进校城融合发展

紧抓机遇，积极加强与在京大学、科研机构的交流对接，以全局性、系统性统筹谋划，推进大学、科研机构等知识生产者在中关村不同园区组团发展，在大学和科研机构周边地区前瞻性布局创新创业发展空间，加速科研成果溢出，实现快速产业化，以此带动提升中关村各个园区的发展能级。

（二）打造高成长的企业发展梯队

积极培育壮大创新型领军企业、高新技术企业、科技型中小企业、前沿技术企业队伍，形成大中小微企业共同参与、层级丰富的创新梯队。

一方面，优化瞪羚企业、独角兽企业等市场主体的成长环境，集中资源培育一批技术能力突出、集成创新能力强的创新型领军企业，鼓励企业建设各类技术研发中心、实验室、工程技术中心和技术创新中心，不断加大研发投入，提升自主创新能力。支持企业与高校院所等单位共建创新联合体，开展研究与开发、成果应用和推广等工作。引导支持领军企业加强质量品牌建设和标准体系建设，强化知识产权运用，积极参与国际合作，不断提升技术创新能力和影响力。

另一方面，建设面向科技型中小企业的创新创业服务体系，打造公平普惠的发展环境，持续支持和引导新一代信息技术、医药健康、智能制造、新材料、绿色能源与节能环保等高精尖产业领域的科技型中小企业开展关键技术创新，持续支持和培育前沿技术企业，支持高新技术企业"小升规"培育，形成具有高成长潜力的企业发展梯队。

（三）发展多元化的创新服务体系

促进园区运营机构与专业化服务机构加强合作，并吸引一些高端创新服务机构入驻园区。积极与国际知名园区建立合作关系，建立全球化创新服务供应体系。

强化技术创新服务平台建设。推动园区运营机构加强创新体系建设，弥补创新链条中的薄弱环节，在科技成果转化概念验证、共性技术平台、新技术产品全域场景应用、专业孵化器建设、科研仪器开放共享、国际技术转移服务等方面加大资金支持力度，打造全方位创新服务体系。

促进投融资服务机构集聚发展。持续优化创业投资发展环境，吸引国际国内投资周期长、体量大的长期资本、耐心资本、优质投资基金和财富管理机构落户园区，深化中关村国际创投项目集聚区建设，引导支持硬科技投资机构壮大发展。全面深化科技信贷和科技保险创新，引导支持银行业金融机构结合中小微科技企业的特点和需求，研制开发个性化、差异化、定制化的金融产品。充分发挥资本市场在支持科技创新方面的优势，结合不同生命周期企业的融资需求，完善多层次资本市场服务体系。

二、培养流畅互促的创新关系

不同创新群落间的高度结合、相互促进，是科技园区保持创新活力、实现持续发展的重要基础。中关村要建设世界领先科技园区，需要积极引导园区内不同创新群落间发生联系、共同演进，形成协同共生的关系。

（一）探索多元主体参与的新型共治模式

进一步探索产业界、科技界和公众等多元社会主体参与的协同治理机制。通过常态沟通、决策咨询、政府购买服务等方式，提升高校、科研机构、企业、社会组织等多元主体参与园区治理的活力和能力，实现政府、市场和社会三者力量的紧密结合。进一步发挥协会和产业联盟的作用，不断完善社会化创新治理模式。

（二）培育和推进协同创新机制

推动技术转移和成果转化。持续推动在京高校院所、企业研发机构、研究型医院等开展成果转化体制改革探索，释放成果转化动能。提升园区对成果转化类项目的承接能力，推动新型业态和模式的壮大发展。支持创新联合体建设，鼓励龙头企业联合产业链上下游企业、高校院所、服务机构，共同布局建设产业创新中心、技术研发中心、产学研协同创新平台，加快产业链、创新链高效融会贯通。推动军民协同创新平台建设，加快军民两用技术成果转化，建立资源共享平台和产业化渠道。完善市相关部门、各区和园区管理机构等方面的沟通协调机制，提升分园科技创新和产业发展能力。

（三）加强科技服务网络和公共服务平台建设

支持和发展一批人力资源、技术转移、科技金融、法律咨询、企业管理、战略规划等方面的科技服务组织，形成专业技术领域的科技服务网络。进一步建立健全人才培训、信息服务、物流服务、会展营销、政务服务等公共服务平台。建立先进、高效、稳定的产业信息服务平台，根据园区产业定位和企业需求，及时发布有关市场、技术和人才信息，为企业提供信息查询服务。引入发展各类会展服务公司，为园区内企业提供优质服务。组建和完善政务服务中心，建立健全项目报批、企业报税等一站式服务窗口。吸收社会中介机构，组建专业咨询队伍，及时为企业提供科技、经济、人才、政策、法律等综合服务。整合银行保险、投资机构和中介服务机构，搭建专业化科技金融服务中心，提高资金融通效率等。

（四）培育丰富多样的交流渠道

进一步推动产学研创新合作。支持高校、科研机构、企业共建重点实验室、创新研究院、协同创新中心、工程（技术）研究中心、企业技术中心等创新载体。支持校企项目合作，采用"政府搭台、企业出题、高校破题"模式，利用高校、科研机构研发资源优势，加快解决园区内企业技术创新难题。探索建立联合攻关、多元投入、风险共担、利益共享的产学研协同创新机制。

鼓励支持人才流动。鼓励高校院所科研人员创新创业，支持高校院所吸引企业管理人才担任产业导师、创业导师等。探索高校院所科研人员到企业担任"科技副总""科技特派员"等类型的柔性引才机制，鼓励高新技术企业与高校院所合作建设博士后科研工作站。推进各类创新主体与高校院所加强合作，开展双向挂职、短期工作、项目合作、培训学习等。

大力办好品牌化交流活动。持续高水平举办中关村论坛、中国国际服务贸易交易会等品牌活动，支持各分园举办或承办国际性或全国性的学术会议、高端论坛，吸引国内外知名高校、科研机构、企业等创新主体参与，提升中关村对外开放水平。

（五）强化不同园区间的协同联系

加强不同园区间的统筹协同，促进各分园高端化、特色化、差异化发展。按照聚焦重点、发挥优势、分工协作、突出特色的原则，根据各分园不同的规划面积、载体形态、功能定位，重点发展微集群空间、特色创新园、专业园区和产业化基地等不同类型的产业载体，避免同质化竞争。综合园区定位协同和产业功能互补等因素，分析空间断点，增设现有园区面积或布局建设新园区，加快相邻空间的集中连片，通过交通设施、教育医疗公共服务、人才公寓等增强空间断点的吸引力，打通集中连片的线路和渠道。对快速崛起的区域，从空间整合集聚的角度考虑，做好地理空间的重新统筹和划片。城市建设规划要与现有园区的市政、基础设施、配套环境等的建设相融通。在明确区域主要创新方向的基础上，对引擎力量与相关链条企业、资源等，从交通、土地、人才、社区配套等层面给予偏重与支持。推动中关村产业发展空间由中心城区向城市功能拓展区、城市发展新区、生态涵养区转移，实现中关村示范区各项政策对"三城一区"等区域全覆盖。加大中关村各分园产业用地整合力度，强化存量土地和空间资源利用，提高各分园集聚效益，带动发展能级提升。

三、营造优质高效的创新环境

宜居宜业宜创的创新环境是科技园区创新生态必不可少的构成部分。中关村要建设世界领先科技园区，需要在文化、政策、公共服务和基础设施等方面建立优质高效的创新环境。

（一）打造崇尚科学、乐于创新的文化环境

全面深化科技体制改革。进一步加大改革力度，优化科研经费使用与管理、人才评价与激励等方面的相关制度，强化政策与管理的协同互补，使其更加符合创新的内在规律，形成尊重科学、尊重创新、尊重人才的制度文化氛围。

强化科学道德和学风建设。加强科研诚信制度建设，并加大对科研不端行为的查处力度，同时对这些行为进行公开曝光。坚持正面引导与监督约束并重，通过宣传教育引导科研工作者加强科研道德修养，弘扬开放诚信、团结奉献的科学精神。

加强面向社会公众的科普宣传和教育。充分发挥科教资源优势，引导和推动相关实验室和科研设施面向公众开放，打造公众看得见的"顶级科学"和"顶级实验室"。同时，充分利用各个园区内部及周边的优质自然资源，积极打造自然科普研学基地，强化城市科普能级和公众的科学素养，以促进公众对于科学的理解、崇尚、支持和参与。

（二）加强具有突破性的先行先试政策供给

推动土地出让及利用方式创新。有效控制和降低企业用地成本，为高精尖产业发展提供空间资源保障，综合平衡土地开发成本，全面推行弹性出让、先租后让、土地租赁、共有产权等常态化用地机制。

推动北京证券交易所高质量发展。在坚持质量优先的基础上，加快审核，支持一批优质企业快速上市，推进市场高质量扩容。加强与地方政府、产业基金、商业银行等方面的协同，推动各类支持中小企业的政策措施在北京证券交易所落地。进一步深化新三板改革，优化基础层挂牌条件，完善创新层分层指标，加大对更早、更小、更新的初创型科技企业的支持力度，为北京证券交易所培育和输送更多优质的上市资源。

推动建立新兴领域知识产权保护机制。在新兴领域探索建立国际一流的知识产权保护体系，优化激励创新发展的知识产权市场化运行机制。

（三）推进高水平国际化的园区配套环境建设

加快完善重点园区的生活设施配套。坚持产城融合的发展理念，对于"三城一区"等重点区域，要着力完善交通、医疗、教育、娱乐、体育、休闲等生活配套设施，大力发展生活性服务业，提升城市服务功能和承载力，加快建设现代化城区。

推动国际化城市基础设施建设。结合国际交往需求，加快建立国际人才"一站式"线上线下综合服务平台。推进国际人才社区、学术咖啡、运动场馆等城市基础设施建设，升级完善道路标识、金融机构、公共交通等领域的多语种服务，打造国际化交往空间。积极与创新大国搭建信息互通、合作共享的交流平台，完善交流合作机制。

第十五章

探索现代化园区治理模式

第一节 为什么要探索现代化园区治理模式

一、政府参与园区治理是国际知名科技园区的广泛做法

科技园区是各国和地区科技资源的聚集地，科技成果产生的密集区域，科技创新的重要载体，也是地区经济发展的重要引擎。因此，科技园区创新发展对加强资源整合、转变区域经济增长方式、促进经济高质量发展发挥着重要作用。从各国和地区实践经验中看，政府在科技园区的建设和发展过程中，通常发挥着重要作用。

一是提供政策支持。通过出台系列政策法规，为科技园区建设提供法律依据和法治保障，包括财税优惠政策、土地使用政策、人才引进政策等，吸引投资者、企业和人才入驻科技园区。

例如，韩国大德研究开发特区作为"政府驱动科技园区发展"的典型，

引领韩国走在世界科技创新前沿。1973～2005 年，韩国政府陆续颁布《大德研究院城市建设基本计划》《大德科学城行政法》《大德创新城特区建设特别法》等法律，根据科学城发展阶段逐步调整其发展方向和战略定位，使得大德科学城从建设之初的科学研发中心和高校聚集地，逐步转型为研究开发特区（并于 2005 年更名为大德创新特区）。2008 年，韩国政府提出国际科学产业带的国家战略，基于此明确了大德创新特区对于国家科技发展的重要战略平台作用。在创新政策的驱动下，大德创新特区成为韩国发展创新路径的"试金石"。政府主导的一系列创新政策的实施，充分发挥了示范引领作用。

二是提供资金支持。包括科研项目经费支持、风险投资和园区基础建设经费等。通过提供科研启动资金、项目资助或贷款等形式的资金支持，促进科技园区内企业的创新能力发展。通过提供基础设施建设及所需资金，投资建设科技园区所需的基础设施，如道路、供电、供水、通信网络等，为园区内企业及员工提供良好的工作和生活环境。有计划地布置实验科研机构、教育机构、商业和服务设施、居民住宅等，实现"产城融合"均衡发展。

例如，法国索菲亚·安蒂波里斯技术城经过前 20 年的快速发展后，面临厂商外移与劳工流失的问题，政府接管索菲亚·安蒂波里斯技术城，加速投资基础设施，为培育新兴产业提供资金。此外，索菲亚·安蒂波里斯技术城获得法国政府及欧盟在财政方面的大力支持，促进园区研发活动进行和扶植培养园区内中小企业。包括鼓励创新与研发的研发税收减免、研发创新资助，以及支持企业发展的"促进小型企业合作发展"（FDPME）、"区域企业创新"等项目，通过为企业资助一定比例的投资金额或提供免息贷款，以鼓励企业创新研发、合作发展。

即便是被广泛认为是典型"小政府模式"的美国，在硅谷的发展建设中，美国政府也被认为是其最大的风险投资者。《硅谷百年史》的作者之一阿伦·拉奥（Arun Rao）认为，虽然活跃的民间资本是硅谷风险投资的主力，但并非硅谷形成的关键因素，主要是因为风险投资家倾向于跟进短期项目，而美国政府致力于投资高风险、长周期的项目，促进了新技术的诞生，推动了创新生态系统的构建。

三是搭建创新支持平台。包括在园区内建立科研机构、实验室等科研创新平台，整合创新资源，提供科研项目支持，以及对外组织展览会、推介会等活动，帮助科技园区企业宣传和推广产品，促进园区内初创企业的市场拓展和对外合作。

例如，筑波科学城是日本政府主导规划的科学城，也是日本较为集中设置研究机关和大学的科学园区。筑波科学城在半个多世纪的发展中逐步成为世界级科研中心，被誉为日本的"头脑城"。日本政府通过打造高水平科研机构来统筹科技创新，日本设立的国立研发法人共有 31 个，多数在筑波集聚，构成了筑波科技创新的核心力量。此外，日本政府规划建设了筑波大学，以作为筑波地区知识创新的纽带和平台。筑波大学位于研究学园区的中心地带，学校设有信息和接待中心，促进了研究人员的沟通联系，强化了城内各科研机构的合作。

四是提供人才引进和培育支持。除了为园区组织培训课程、举办招聘会等活动之外，还包括重视创新创业教育，自上而下营造创新创业文化生态环境，为园区及其企业提供技术人才培训和引进支持服务，以满足园区创新发展对人才的需求。

例如，享有"创新国度"之称的以色列，形成了比较完善的创新生态系统。尤其是 20 世纪 90 年代以后，为解决就业问题，以色列提出"以创新创业带动就业"的战略，旨在通过创新创业推动科技进步、促进经济快速增长、增加就业岗位供应。在这一战略的指导下，以色列高校在发展创新创业教育、建设创新创业课程方面投入了大量精力。数据显示，以色列 10%以上的本科生和 30%以上的研究生创立了自己的企业，其初创企业中有 5000 多家是由高校毕业生创办的（郭少东，2021）。高校毕业生的创新创业活动对以色列整体产业创新发展起到了推动作用。

二、政府治理在中关村科技园区升级发展进程中的作用不可或缺

在中关村 40 余年的发展建设过程中，各级政府始终致力于为中关村科

技园区营造良好的政策环境，促进"有为政府"和"有效市场"有机结合。

一是政府战略引领，设计园区发展规划。1988 年，国务院批复《北京市新技术产业开发试验区暂行条例》，批准成立北京市新技术产业开发试验区。自此，中关村成为我国第一个高新技术产业开发区。1999 年，国务院在对北京市政府、科技部《关于实施科教兴国战略加快建设中关村科技园区的请示》的批复中，要求中关村发挥优势和特色，创建有中国特色的中关村科技园区，为全国高新技术产业的发展发挥示范作用。2009 年，《国务院关于同意支持中关村科技园区建设国家自主创新示范区的批复》明确提出，中关村科技园区的新定位是国家自主创新示范区，为园区的发展定位指明了方向。2016 年，国务院印发实施《北京加强全国科技创新中心建设总体方案》，全国科技创新中心建设上升为国家战略。次年，北京市印发《北京加强全国科技创新中心建设重点任务实施方案（2017—2020 年）》，提出以"三城一区"为主平台加快推进具有全球影响力的全国科技创新中心建设。2020 年 9 月，中关村国家自主创新示范区领导小组印发的《中关村国家自主创新示范区统筹发展规划（2020 年—2035 年）》提出，到 2025 年，建成世界一流的科技园区和创新高地；到 2030 年，建成世界领先的科技园区和创新高地；到 2035 年，建成全球科技创新的主要引擎和关键枢纽。

二是重视资金支持，为园区创新发展提供有力保障。在中关村建设之初，国务院批复《北京市新技术产业开发试验区暂行条例》，规定对试验区的新技术企业在税收减免、基建等方面实行优惠政策，以及允许试验区内新技术企业对新开发的产品自行制定试销价格等。经多年发展，中关村科技园区管理委员会于 2017 年和 2019 年出台"1+4"和新版"1+4"资金政策支持体系，旨在充分发挥财政资金的引导作用，围绕打造中关村原始创新策源地和自主创新主阵地的目标，聚焦重点领域和关键环节，精准支持一批具有重大带动作用和影响力的项目（人才团队）与创新平台。北京市科学技术委员会、中关村科技园区管理委员会于 2022 年再度发布中关村示范区"1+5"系列资金支持政策，为企业纾困解难出"实招"，进一步激发创新创业主体活力。

三是引人育才，为中关村创新发展汇集资源。政府围绕引人育才方面，

出台多项政策，稳步加大中关村体制机制创新和先行先试力度。例如，2008
年，北京市委、市政府印发《中关村高端领军人才聚集工程方案》，旨在聚
集国内外著名高校任职的专家、学者以及具有丰富实践经验的研发技术人才
等优秀的创新创业人才，着力提升中关村的自主创新能力，加速高新技术产
业的发展。2021 年发布的《中关村科技园区管理委员会关于印发〈关于进一
步加强中关村海外人才创业园建设的意见〉的通知》从技术研发、科技金融、
人才服务等方面对海外人才创业企业提供全生命周期的支持，支持海外人才
到中关村创新创业。

三、中关村建设世界领先科技园区对政府治理提出新要求

2013 年 9 月，习近平总书记明确要求中关村加大实施创新驱动发展战略
力度，加快建设"具有全球影响力的科技创新中心"。2019 年 10 月，国家主
席习近平向中关村论坛致贺信并指出，中关村正努力打造世界领先科技园区
和创新高地。2021 年 9 月，国家主席习近平给中关村论坛视频致辞强调，支
持中关村开展新一轮先行先试改革，加快建设世界领先的科技园区。2021
年 11 月，中央全面深化改革委员会审议通过《科技体制改革三年攻坚方
案（2021—2023 年）》《关于支持中关村国家自主创新示范区开展高水平科技
自立自强先行先试改革的若干措施》，要求中关村瞄准实现高水平科技自立
自强最突出的短板、最紧迫的任务，在做强创新主体、集聚创新要素、优化
创新机制上求突破、谋创新。

当前，全球正在经历百年未有之大变局，中关村建设世界领先科技园区
对政府治理提出了新要求。

一是要深化体制机制改革，进一步激发创新发展活力。坚持"有为政
府+有效市场"的原则，更加高效、有力地推动中关村发展。包括研究制定
中关村建设世界领先科技园区的方案，加快推广中关村新一轮先行先试改革
措施，持续推进中关村分园体制改革等；强化管理统筹力度，推动落实重大
事项，建立跨部门、跨层级、跨区域、跨园区协调机制。

二是推动自主创新，打造全球领先的原始创新策源地。充分挖掘科技资源的优势，依托高水平高校和科研机构，大力开展基础研究、原始创新，加速科技成果转化应用，推动资源优势向高质量发展的竞争优势转变。持续抓好自主创新，努力产出高质量的原创成果。进一步抓好科技成果转化，畅通科技成果转移转化通道，推动一批高质量的科技成果在中关村转化落地。

三是要培育世界一流的创新型企业，加快建设具有世界影响力的新兴产业集群。着力加强企业梯度培育，打造一批产业链的塔尖企业，带动形成具有世界影响力的产业集群。深刻把握全球范围内新一轮科技和产业革命蓬勃兴起态势，前瞻布局 6G、元宇宙、细胞基因治疗、商业航天等新赛道，在全球前沿新兴产业布局当中抢占先机，形成引领态势。

四是深化营商环境改革，营造具有全球竞争力的开放创新生态。统筹科技人才资源，人才培养、人才引进两手抓。深化金融科技创新，发挥中关村先行先试改革"试验田"作用，促进金融更好服务科技创新发展。大力发展科技服务市场。引进国际知名的知识产权科技咨询、技术转移等机构来中关村落地发展。加强特色产业园的建设。着力提升开放发展水平，加强国际化营商环境建设，推动外资研发中心建设。

第二节　政府园区治理面临的现状

中关村的创新发展之路是我国改革开放的生动缩影，是几代人接续奋斗、从实践中摸索出来的干事创业之路，也是有效市场与有为政府的完美结合的产物。在中关村，任何企业、任何项目、任何创新都要按市场机制运行，都要接受市场检验。通过政府组织、协调、规划、引领、管理、服务、保障等多种作用的有效发挥，中关村的各种条件、因素实现整合、集成，创新要素得到更好的集聚和运用，各种创新活动顺利开展，政府治理能力与园区创新成效相得益彰。但是，面对新一轮科技革命和产业变革，面对建设世界领先科技园区的"无人区"，面对产生更多世界级的原始创新成果和培育更多具有全球影响力的伟大企业的发展目标，中关村的政府治理效能还有一些问题或不足之处，主要体现在以下四个方面。

一、重大战略谋划方面

中关村作为我国战略性新兴产业策源地，坚持创新驱动，聚焦高技术领域，重点发展电子信息、生物医药、先进制造、现代交通、新材料、绿色能源与节能环保以及科技服务业等产业。2022年，中关村产业总收入 8.7 万亿元，对北京市经济增长贡献率超过 30%，占全国国家高新区的 1/6。高技术产业增加值占地区生产总值的比重达 28.4%。已形成新一代信息技术和科技服务业 2 个万亿级产业集群和医药健康、智能装备、人工智能、节能环保、集成电路 5 个千亿级产业集群。年收入 1 亿元以上的企业达 4244 家，年收入超过 1000 亿元的企业也达到 11 家。近年来，随着数字经济的发展，中关村逐步涌现出金融科技、无人驾驶、智慧物流、新零售等跨界融合新业态，2022 年数字经济占比达 41.6%。中关村要打造世界领先科技园区，就必须对重大战略进行提前谋划，探索从科技强到产业强、经济强的创新路径，在优势领域努力成为全球创新领导者，积极抢占全球科技产业发展制高点，打造国家战略科技力量。

同时，摆在眼前的问题是，以"四个面向"国家战略需求为导向，集聚力量进行原创性引领性的科技攻关有待进一步加强；战略性全局性前瞻性的重大项目、颠覆性创新项目布局还存在不足；基础研究领域还缺少"从 0 到 1"的突破，新型研发力量有待加强，新型科研组织模式有待建立健全；围绕前沿技术创新，在科技领军企业、头部企业培育等方面还存在不足；企业参与到国家实验室、国家技术创新中心、国家工程中心、国家重点实验室等重大科技创新平台建设还存在不足；具有技术主导权的产业集群不多，创新的集聚效应尚未充分发挥。

二、系统性推进改革方面

过去 40 多年，中关村冲破体制机制的樊笼，紧扣痛点、难点，充分发挥改革"试验田"作用，极大地释放了示范区科技创新的活力。国家层面先后支持中关村开展"1+6"、"新四条"、"新新四条"、两轮人才特区政策、财税政策等 80 多项改革措施，出台了促进在京高校和央企科技成果转化实施方案、"中关村国际人才新政 20 条"等一系列政策，率先落地公司型创投机构企业所得税、技术转让所得税优惠政策试点，持续开展了投贷联动、设立民营银行、企业境外并购外汇管理、企业外债便利化、建设生物医药国检试验区、创新医疗器械应用推广、强化高价值专利运营等改革试点，截至 2022 年底，已有 30 多项政策复制推广到全国。

同时，中关村要建设世界领先科技园区，还缺少在更大范围、更宽领域的系统性谋划。如何从单项改革向综合改革转变，从单部门改革向多部门协同改革转变，实现由科技体制改革到全面创新改革的新跨越，是当前亟须考虑的问题。特别是在一些难度大、挑战强的重大创新领域，如何发挥政府的"有形之手"的作用，将学术判断留给科学家，将产品选择留给市场，并实现深化政府业务流程再造和系统性重塑是面临的重点和难点工作。如何将北京的教育、科技、人才优势转化为创新的势能，比如在建设具有首都特色的国家实验室体系和世界一流新型研发机构中，如何发挥科研机构和研究型大学在高层次人才培养和高水平科技供给，如何让科技领军企业成为创新需求"出题者"、创新资源"配置者"、创新任务"牵头者"和创新网络"构建者"等方面，还有许多难题需要破解。

三、全球创新资源利用方面

中关村 40 多年来创新发展的一个重要特点，就是不断汇聚多元主体，为有梦想、有技术、有成果的创新创业者搭建平台，帮助其实现人生价值。据统计，截至 2022 年底，中关村拥有 801 位两院院士、1873 名"国家杰出青年科学基金"获得者、1/3 的"高被引科学家"，以及超过百万的高素质创新创业人才。通过发展科技企业孵化器、大学科技园、众创空间等载体，为创业者提供支持服务，留学归国及外籍从业人员数量年均增长 12%。

坚持开放融合，发展多层次、多模式、市场化的融合创新平台，支持政产学研用金介多要素结合，加强区域、央地和军民融合创新，推动形成百舸争流、千帆竞发的良好局面。例如，近年来，全社会研发投入强度一直保持在 6%左右；2016~2021 年，每年新设科技型企业数量持续保持在 2.5 万家以上；截至 2022 年 6 月底，拥有上市企业总数达 466 家、独角兽企业 102 家。中关村论坛自 2007 年创办以来，已经成为我国深度参与全球科技治理的重要窗口、推动国际科技创新交流合作的国家级平台。世界领先科技园区的高质量发展很大程度上依赖于国际国内顶尖科学家、领域技术专家和活跃的创新创业国际人才汇集，以及国际融合的创新氛围。

同时，中关村与世界其他领先科技园区相比，全球资源汇聚力不够，国际人才集聚度不高。中关村外籍从业人员占比不足 0.5%，远低于伦敦、纽约、硅谷地区的 55%、37%、36%。中关村的外商投资环境以及外商投资力度与硅谷等世界领先科技园区相比还不够。中关村在构建全球创新网络关键枢纽、深入开展国际科技治理、促进全球科技创新交流合作等方面还有待于进一步提升，法治化、市场化水平有待于进一步加强。

四、精细化服务提供方面

中关村坚持开放创新，不断营造公开公平的创新环境，为企业提供全方位立体式服务，探索建立支持方向聚焦化、支持方式市场化、支持领域特色化、支持对象普惠化、支持标准规范化的政策体系，助力企业创新发展。设立北京市科技创新基金、中关村协同创新基金、北京集成电路产业发展基金、社保基金中关村自主创新专项基金等一批创新基金，不断完善资本市场对技术创新的支持。

同时，精细化、常态化、长效化的创新服务体系还不够完善。例如，如何更加有效地发挥税收杠杆作用撬动更多社会资本；如何建立覆盖创新生命周期的多层次资本市场，为不同业态、不同成长阶段企业的不同融资需求提供差异化融资服务；如何提升众创空间、科技企业孵化器、大学科技园、大企业双创平台和示范基地等孵化机构的专业化服务水平，促进技术转移和成果转化；如何推进产城融合，不断优化基础设施建设、做好园区公共服务配套、着力提升公共服务水平，让园区成为适宜人工作、生活、居住的美好家园；等等，这些方面还存在不足。

第三节　提升政府园区治理水平的对策建议

一、加强政府部门协同

一是将中关村建设世界领先科技园区上升为国家战略。中关村是北京的中关村、中国的中关村，也是影响世界的中关村。建设领先科技园区，已经超越北京行政区域的范畴，须举全市之力、首都之力、国家之力共建之。建议总结提升中关村"1＋6"创新平台运行经验，将科技园区的议事协调机制提升到国家层面，以便在更高层面协调资源和进行战略谋划，开展更高水平的先行先试，推动中关村加快建设世界领先科技园区，支撑建设世界科技强国。

二是加强"一区多园"联动发展。支持打造集中连片、协同互补、联合发展的创新共同体，实现核心园和分园统一规划、统一建设、统一招商、统一管理。引导分园之间探索资源共享与利益平衡机制，示范带动本地及周边区域发展。

同时，要处理好中关村科学城、怀柔科学城、未来科学城、北京经济技术开发区和顺义创新产业集群示范区同中关村"一区多园"发展的关系，统筹协同发展，实现联动发展。

二、加强科教和人才资源协同

2017 年 2 月，习近平总书记视察北京工作时指出，北京最大的优势在于科技和人才，强调要深化科技体制机制改革，努力打造北京发展新高地（中共北京市委组织部，2019）。中关村建设世界领先科技园区，同样需要在这两个方面做好文章。

一是加快探索科技资源有效协同机制。以重大科技任务为引领，促进科技资源协同融合创新。一方面，可加快推动构建龙头企业牵头、高校院所支撑、各创新主体相互协同的创新联合体；另一方面应加快探索集中力量办大事的新型举国体制。此外，以中关村为试点，加大科技和教育领域开放力度，引入国际先进的科技创新或教育办学理念，打破体制内固有的"圈圈"和"围墙"，实现国内外科教资源良性竞争、互动发展。

二是搭建体制内外科技人才流动的"无障碍通道"。针对体制内外科技人才流动，尤其是事业、企业间人才流动面临的级别、职称、待遇、社保差异等，建议先行探索研究高校、科研院所等事业单位与国有企业间人才流动新机制，重点解决领导干部、科技人才跨不同性质单位流动后的身份、编制、职称、社保关系的接续问题，为科技人才到新单位工作或重返原单位继续就职等，创造灵活畅通的"无障碍"环境。

三、推动科技创新链条协同

优化中关村各园区发展方向和梯队建设，更好统筹推进各园区资源协同与产业协同，避免盲目无序竞争。突破区域创新隐形壁垒与资源配置障碍，加强中关村与津冀间创新资源流通与产业对接协作。研究借鉴粤港澳大湾区"港澳高校—港澳科研成果—珠三角转化"的产业协同发展模式，更加有效推动和融入京津冀协同创新共同体建设，共同打造优良的区域创新生态系统，真正探索形成创新链、产业链、供应链协同效应，实现三地优势互补、错位发展，促进中关村科技成果向京津冀地区乃至全国辐射外溢。

四、探索促进创新的"沙盒"监管机制

"沙盒"监管是一种新型的政府监管和治理模式，旨在在控制风险和鼓励创新之间，最大化地实现"鱼和熊掌兼得"的效果。"沙盒"又称"沙箱"，原为计算机领域的一种安全机制，指通过限制应用程序的代码访问权限，为一些来源不可信、具备破坏力或无法判定其意图的程序提供试验环境（张翼燕，2020）。"沙盒"监管由英国政府于 2015 年 5 月提出，首先在金融业实施，现已拓展至全球多个国家和地区的不同领域。

在我国，2022 年 2 月，国家市场监督管理总局、工业和信息化部等五部门联合发布《关于试行汽车安全沙盒监管制度的通告》，企业就前沿技术或新功能新模式申请进入"沙盒"监管，共分申请、评估、测试、报告、退出等五个阶段。近两年来，四川、内蒙古、江西、江苏、陕西等地也开始探索实施"沙盒"监管模式。应用领域从金融科技到汽车前沿技术，再到网络交易监管，逐步扩展到其他市场监管领域。

创新是中关村发展的"密码"。中关村从来不缺创新精神和企业家精神，目前特别重要和急需的关键要素是鼓励、促进和保护创新的新机制。园区在一些科技前沿领域探索建立"沙盒"监管机制，可看作是政府主动作为、促进创新的积极举措。开展"沙盒"监管，将缩短创新理念走向市场的时间，有利于及时完善政策措施、减少试错成本，更好地保护消费者利益和社会公共安全，为创新提供实实在在的社会试验平台。推行"沙盒"监管，是以更安全的方式鼓励创新，避免"一管就死、一放就乱"，建立创新与监管之间的平衡点。

五、打造绿色低碳智慧园区

通过将信息技术、低碳技术和能源管理技术等科技手段与园区规划、建设、管理、运营、服务等环节深度结合，进而提高园区的投入产出效率和竞争力。智慧服务方面，体现综合碳汇管理、智慧能源、智慧安防、智慧交通、

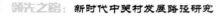

智慧水务等理念和功能。企业创新方面，建设数字共性技术公共服务平台，为园区企业提供开放式服务；建设"园区智慧大脑"，推动供需对接，促进园区企业融通发展；优化园区产业结构，重点支持产值高、排放低的企业。生态建设方面，实现园区建筑绿色化、能源结构清洁化、能源利用高效化、资源利用循环化、投融资绿色化。

参 考 文 献

安纳利·萨克森宁. 1999. 地区优势——硅谷和 128 公路地区的文化与竞争[M]. 曹蓬, 杨宇光, 等译. 上海: 上海远东出版社.

北京市人力资源研究中心, 北京人才发展战略研究院. 2021. 北京人才蓝皮书: 北京人才发展报告(2021)[M]. 北京: 社会科学文献出版社.

北京市人力资源研究中心, 北京人才发展战略研究院. 2022. 北京人才蓝皮书: 北京人才发展报告(2022)[M]. 北京: 社会科学文献出版社.

陈金梅, 马虎兆. 2015. 滨海新区与浦东新区、中关村科技园区发展比较研究[J]. 上海经济研究, (1): 107-113.

陈劲, 肖轶群, 梅亮, 等. 2023. 原始创新理论溯源和概念构建[J]. 创新科技, 23(7): 1-12.

陈庆华. 2014. 科技园区建设的基本模式与创新发展战略研究[J]. 科学管理研究, 32(4): 1-3, 39.

陈希希. 2021. 国际经验视角下创新型园区建设的思考[J]. 科技中国, (5): 66-71.

陈雅兰. 2005. 原始性创新的理论与实证研究[D]. 武汉理工大学博士学位论文.

戴建军. 2014-01-27. 加强合作创新, 深化国家科技计划对外开放[N]. 科技日报, 第 1 版.

范小红, 伍彬, 邓健. 2022. 广州科技园区发展特点、短板及对策建议[J]. 科技中国, (4): 91-96.

冯雪冬. 2005. 中关村科技园区发展模式研究[D]. 首都经济贸易大学硕士学位论文.

冯永锋. 2008. 中关村的创新故事[M]. 北京: 五洲传播出版社.

郭金明, 袁立科, 王革, 等. 2018. "一带一路"海外产业园创新生态系统培养前瞻性分析[J]. 科技管理研究, 38(7): 16-26.

郭少东. 2021. 从"理论供给"到"行为养成"：以色列赫兹利亚跨学科研究中心创业课程模式及启示[J]. 世界教育信息, 34(6): 43-48.

韩启德. 2021. 学科交叉与现代科学范式转移——在全国首届前沿交叉学科论坛暨前沿交叉研究院联席会上的讲话[J]. 大学与学科, 2(1): 1-4.

合肥市人民政府. 2024. 【工作推进】总投资34亿! 合肥高新区打造空天信息产业新高地[EB/OL]. https://www.hefei.gov.cn/zwgk/public/13781/110045280.html[2024-04-16].

何继江, 袁晓辉, 王富平. 2015. 迈向知识城市：科技园区核心功能及其融合创新[J]. 科技进步与对策, (15): 37-41.

何寿奎, 薛琼琼, 王俊宇. 2022. 科技园区高质量发展评价、驱动机理及路径研究[J]. 资源开发与市场, 38(3): 328-336.

洪敬谱. 2024-02-18. 安徽合肥：打造国际领先量子科技与产业"双高地"[N]. 科技日报, 第2版.

环球网. 2020. "隐形冠军之父"接受《环球时报》专访时称："隐形冠军"企业在中国大有可为[EB/OL]. https://3w.huanqiu.com/a/de583b/9CaKrnKoTuZ?agt=29 [2020-01-15].

科创板日报. 2024. 万千气象看上海|生物医药十年蜕变：创新药从0到1 世界级生物医药产业集群在张江|寻找中国经济新动能[EB/OL]. https://baijiahao.baidu.com/s?id=1797286889520431061&wfr=spider&for=pc [2024-04-25].

李丹, 肖彧, 麻树强. 2019. 中关村：一部创业创新史[M]. 北京：化学工业出版社.

李国杰. 2024. 智能化科研(AI4R)：第五科研范式[J]. 中国科学院院刊, 39(1): 1-9.

李小芬, 王胜光, 冯海红. 2010. 第三代科技园区及意外发现管理研究——基于硅谷和玮壹科技园的比较分析[J]. 中国科技论坛, (9): 154-160.

刘波. 2021. 北京国际交往中心发展报告(2020～2021)[M]. 北京：社会科学文献出版社.

鲁向平. 2016. 高科技企业聚集：台湾新竹科学园的经验与借鉴[EB/OL]. https://www.sohu.com/a/82016367_252590[2023-08-20].

吕薇. 2019. 从基础研究到原始创新[M]. 北京：中国发展出版社.

马宗国, 刘亚男. 2023. 世界领先科技园区发展的逻辑转向、国际经验与中国路径[J]. 经济纵横, (6): 68-76.

潘剑英. 2014. 科技园区创业生态系统特征与企业行动调节机制研究[D]. 浙江大学博士学位论文.

盘古论今. 2021. 全球十大最顶尖的科技贡献强国[EB/OL]. https://baijiahao.baidu.com/s?id=1762048018952884782&wfr=spider&for=pc[2023-04-02].

澎湃. 2019. 工匠精神：德国和日本制造业的成功秘诀[EB/OL]. https://www.thepaper.cn/newsDetail_forward_4942397[2019-11-12].

齐忠. 2020. 中关村的故事[M]. 北京：团结出版社.

邱文. 2021. 以产业生态模式助推深圳科技园区的高质量发展[J]. 特区实践与理论, (3): 59-66.

人民日报.2023-02-01. 习近平在中共中央政治局第二次集体学习时强调 加快构建新发展格局 增强发展的安全性主动权[N]. 人民日报, 第1版.

人民日报. 2023-07-08. 习近平在江苏考察时强调 在推进中国式现代化中走在前做示范 谱写"强富美高"新江苏现代化建设新篇章 蔡奇陪同考察[N]. 人民日报, 第1版.

深圳市科技创新局. 深圳国家高新区园区概况[EB/OL]. http://stic.sz.gov.cn/szgxq/[2024-04-18].

宋雪琪.2016. 陕西科技园区创新发展模式选择及实现研究[D]. 西安理工大学硕士学位论文.

孙锐, 孙彦玲. 2023. 构建适应高水平科技自立自强的人才制度体系[J]. 中国人才, (7): 18-20.

万劲波. 2023-09-11. 一体推进原始创新、集成创新、开放创新[N]. 人民日报海外版, 第9版.

汪怿. 2012. 全球第三代科技园区的出现及启示[J]. 科技进步与对策, 29(6): 5-9.

汪怿. 2021. 高水平人才高地建设: 基本内涵、核心角色与发展对策[J]. 中国党政干部论坛, (12): 57-61.

王聪聪. 2018. 84.9%的中国制造企业正在进行数字化转型[EB/OL]. http://news.cyol.com/yuanchuang/2018-07/10/content_17369749.htm[2024-01-18].

王德禄. 2017. 世界一流科技园区的新方向[J]. 中关村, (8): 72.

吴兰贞. 2013. 基于生态系统视角的科技园区培育机制与发展模式研究[D]. 吉林大学博士学位论文.

伍建民. 2022. 世界主要科技园区发展趋势[J]. 科技智囊, (9): 1-3.

习近平. 2020-09-12. 在科学家座谈会上的讲话[N]. 人民日报, 第2版.

习近平. 2021-09-29. 深入实施新时代人才强国战略 加快建设世界重要人才中心和创新高地[N]. 人民日报, 第1版.

谢敏振. 2022. 新时代党的人才工作战略目标——建设世界重要人才中心和创新高地[J]. 求贤, (4): 46-47.

徐珺. 2014. 国际科技园区发展历程、经验与新趋势[J]. 科学发展, (5): 107-112.

许千. 2018. 国家自主创新示范区发展路径研究[D]. 沈阳工业大学硕士学位论文.

严佳, 王晋梅, 王丽艳. 2020. 城市高新产业园区创新效率及其影响因素研究——以北京市中关村科技园区为例[J]. 城市发展研究, 27(9): 132-140.

杨斌, 刘会武, 胡一鸣. 2021. 国家高新区人才吸引力表现: 北深广位居前三[J]. 科技中国, (6): 74-79.

杨斌, 李志远. 2021-08-02. 国家高新区评价的理论逻辑、历史逻辑和实践逻辑[N].中国高新技术产业导报, 第7版.

伊彤, 王涵, 陈媛媛, 等. 2022. 全力打造世界高水平人才高地——北京科技人才发展的问题与对策研究[J]. 中国科技人才, (1): 8-14.

詹志华, 王豪儒. 2018. 论区域创新生态系统生成的前提条件与动力机制[J]. 自然辩证法研究, 34(3): 43-48.

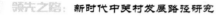

张杰. 2003. 社会资本与高科技园区发展[J]. 现代管理科学, (3): 72-73.

张伟. 2021-03-08. 中关村这份"十三五"成绩单, 漂亮! [N]. 中国高新技术产业导报, 第 12 版.

张伟良, 朱婧. 2017. 国家自主创新示范区的创新特色及政策探索[J]. 科技创新发展战略研究, 1(1): 95-101.

张翼燕. 2020. 韩国的监管沙盒制度[J]. 科技中国, (2): 100-101.

张志强, 乔怡迪, 刘璇. 2020. 中关村科技园区创新质量的时空集聚效应研究[J]. 科技进步与对策, 37(11): 51-59.

赵弘, 哈妮丽. 2022. 北京中关村加快建设世界领先科技园区的思考与建议[J]. 中国国情国力, (7): 25-31.

中共北京市委组织部. 2019. 全国科技创新中心建设认识与实践[M]. 北京：北京出版社.

中关村科技园区管理委员会, 中关村创新发展研究院. 2020. 中关村全球科技园区创新发展指数 2020[R].

中关村科技园区管理委员会. 2018. 《中关村园区创新发展 30 年大事记(1988-2017)》[M]. 北京: 北京出版社.

朱竞若, 王昊男. 2021-10-03. 北京加快建设高水平人才高地[N]. 人民日报, 第 2 版.

Allen J. 2007. Third Generation Science Parks [Z]. Manchester: Manchester Science Park.

Dabrowska J, de Faria A F. 2020. Performance measures to assess the success of contemporary science parks[J]. Triple Helix Journal, (6): 1-43.

Hansson F, Husted K, Vestergaard J. 2005. Second generation science parks: from structural holes jockeys to social capital catalysts of the knowledge society[J]. Technovation, 25(9): 1039-1049.

UNCTAD. 2018. World Investment Report 2018: Investment and New Industrial Policies[R]. Geneva: United Nations Publication.

UNESCO. 2018. Science and Technology Park Governance: Concept and Definition[R]. Paris: United Nations Educational, Scientific and Cultural Organization.

后　记

　　历时将近两年的辛勤劳作，《领先之路：新时代中关村发展路径研究》一书终于要与读者见面了，既有如释重负的轻松，又有"丑媳妇怕见公婆"的惴惴不安。

　　从"中关村电子一条街"到"新技术产业开发试验区"，从"国家自主创新示范区"到"具有全球影响力的科技创新中心核心区"，再到国际科技创新中心主阵地，中关村始终与时代同频、与历史共振，是我国创新发展的一面旗帜，也是改革开放以来我国科技进步的一个缩影。满怀着对这段波澜壮阔历史的敬仰，以及对北京建设国际科技创新中心的使命感，我们前后数易其稿，反复修改打磨，最终定稿。

　　本书在研究写作过程中得到了很多长期从事创新战略与科技政策研究的领导和专家学者的关心支持。中共中央政策研究室经济局原副局长白津夫，国务院发展研究中心创新发展研究部原部长吕薇，科技部办公厅调研室原主任胥和平，中国科学技术发展战略研究院原常务副院长王元，时代集团公司总裁王小兰，中关村科技园区管理委员会原主任、中国科学院发展规划局局长翟立新，中关村科技园区管理委员会原主任、北京中关村银行董事长郭洪，国务院发展研究中心创新发展研究部副部长田杰棠，北京市社会科学院原副院长、中关村创新发展研究院院长赵弘，国家发展和改革委员会城市

和小城镇改革发展中心主任高国力，国家科技评估中心副总评估师杨云，中关村国家自主创新示范区核心区发展研究中心主任宋洁尘，中国科学技术发展战略研究院丁明磊研究员，清华大学经济管理学院陈劲教授，中国科学院大学公共政策与管理学院马一德教授，中国科学院科技战略咨询研究院樊春良研究员等，为我们开展课题研究和撰写书稿提供了宝贵的意见建议。他们在言谈话语中流露出对中关村发展的深厚关怀，更让我们深受感动、深受启发，在此表示由衷的敬意和真挚的谢意！

本书课题组

2023 年冬于北京